INGOLSTADT
Friedrich Mader

Im vorliegenden Bildband des Fotografen Friedrich Mader
werden neben Abbildungen aus dem Band IV des INGOLSTADT-Werkes
neue, nur für diesen Fotoband gemachte Lichtbilder verwendet.
Sie sind aus einer anderen Perspektive wiedergegeben.
Die persönlich künstlerische Ansicht der Stadt Ingolstadt bekommt dadurch
ein anderes Gesicht.

INGOLSTADT

Bilder Friedrich Mader
Text Rudolf Koller

VERLAG DONAU COURIER INGOLSTADT

©1988 by Verlag DONAU KURIER KG, Ingolstadt
ISBN 3-920253-21-3

Herstellung: Courier Druckhaus Ingolstadt
Lithos: Goba Flohr u. Saalfrank GmbH & Co. KG

Alle Rechte der Verbreitung, auch durch Film, Funk, Fernsehen,
fotomechanische Wiedergabe und auszugsweisen Nachdruck, vorbehalten

Luftaufnahmen freigegeben von LA Nordbayern
Seite 36/37 GS 3557/33 und Seite 117 GS 3557/34

Ein Spaziergang durch Ingolstadt – ein Streifzug durch bayerische Geschichte

Städte haben wie Menschen ihre Schicksale. Ihr Weg durch die Zeit kann stetig ansteigen, kann plötzlich abfallen, kann unversehens eine völlig neue Richtung nehmen. Ihn zu gestalten liegt nicht immer in der Hand der Bürger. Häufiger sind es unvorhersehbare Einwirkungen von außen, seien es Kriege oder Katastrophen, seien es willkürliche Entscheidungen von Machthabern, seien es Strömungen der Zeit, die Hergebrachtes absterben lassen oder umgekehrt neue Entwicklungen auslösen. Dieses Erleben zeichnet sich wie in einem menschlichen Antlitz so auch im Stadtbild ab.
Ingolstadt hat im Laufe seiner 1200 Jahre geschichtlich belegter Existenz ein sehr bewegtes und wechselvolles Schicksal erlebt. Die Wegmarken sind: Bürgerstadt, fürstliche Residenz, Universitätsstadt, Festung und Garnison, mittelbayerischer Industriestandort und Energiezentrum.

Der Herrenhof Ingoldestat

Als Eigenbesitz der bayerischen Stammesherzöge, der Agilolfinger, war es nach deren Entmachtung mit der erzwungenen Abdankung des Herzogs Tassilo III. zu einem Faustpfand in der starken Hand Karls des Großen geworden. Ihm war der Ort als Donauübergang und als strategischer Punkt wichtig. In der Reichsteilungsurkunde von 806 läßt er den Herrenhof Ingoldestat ausdrücklich unter seinen Besitzungen nennen. Karls Enkel, der Herrscher des Ostreichs, Ludwig der Deutsche, gibt ihn 841 zum Dank für treue Dienste seinem Kanzler Gozbald, dem Abt des Klosters Niederaltaich, zu eigen. Der behält ihn nicht für sich, sondern gibt ihn wenig später an sein Kloster weiter. Unter dem Krummstab ist gut leben, lautete eine Lebensweisheit des Mittelalters. So dürfen wir annehmen, daß die wenigen Ingolstädter, die es damals gab, Ruhe und Auskommen hatten, wenngleich der Ungarneinfall beispielsweise, der 955 erst auf dem Lechfeld bei Augsburg zurückgeschlagen werden konnte, an Ingolstadt nicht ohne Folgen vorübergegangen sein dürfte. Es muß jedoch bis zur Mitte des 13. Jahrhunderts mangels schriftlicher Nachrichten bei reinen Vermutungen bleiben.

Die Bürgerstadt Um diese Zeit, ergibt sich aus verschiedenen Quellen, müssen die Wittelsbacher die Vogtei über das Kloster Niederaltaich und damit auch das Sagen in Ingolstadt bekommen haben, nicht zu dessen Nachteil; denn sie verliehen der Ansiedlung die Stadtrechte. Genau weiß man das Jahr freilich nicht mehr. Aber die Bestätigung der Stadtprivilegien und die Bereicherung um einige mehr durch Kaiser Ludwig den Bayern im Jahre 1312, die besitzt man heute noch mit Brief und Siegel. Tat damals noch ein rechteckiger Erdwall mit Türmen in jeder Ecke dem Schutzbedürfnis der Bürger Genüge, so reichte das 150 Jahre später nicht mehr. Handel und Handwerk blühten auf, die Stadt wuchs, die Schutzwehr wurde zu eng. Um 1360 begannen die Bürger mit der Errichtung einer massiven Stadtmauer aus Ziegelsteinen und mit vielen Türmen, welche, angelehnt an das nördliche Donauufer, die Stadt in angenäherter Kreisform umgab. Es wurde ein Werk von 70 Jahren. Der wachsende Bürgerstolz hätte es gerne gesehen, wenn Ingolstadt wie andere Städte an der Donau zum Rang einer freien Reichsstadt aufgestiegen wäre. Mit diesem Wunsch stießen sie aber bei den Wittelsbachern auf taube Ohren. Denen war es schon genug, daß Regensburg ihrer Botmäßigkeit entzogen war.

Fürstliche Residenz Es kam ganz anders, gewissermaßen das Gegenteil. Infolge der Teilung der bayerischen Lande unter den Enkeln Ludwigs des Bayern wurde Ingolstadt 1392 Hauptstadt und Residenz eines neuen Herzogtums, genannt Bayern-Ingolstadt. Gewiß, Stephan der Kneißel, der erste Ingolstädter Herzog, war ein liberaler und lebenslustiger Herr. Aber mit seinem Sohn, Ludwig dem Gebarteten, war weniger gut Kirschen zu essen. Er, der von seiner Pariser Zeit – er war nämlich lange Jahre Berater seiner Schwester, der französischen Königin Isabeau de Bavière – Selbstbewußtsein und Stolz sowie auch Reichtümer mitgebracht hatte, wollte auch in seinem angestammten Reich Macht und Pracht entfalten. Das führte zu ständigen innerbayerischen Streitigkeiten, die zum Mißfallen der

Bürger kriegerisch ausgetragen wurden. Das ließ aber auch Monumentalbauten entstehen. Die heutigen Bürger jedenfalls wissen seine Hinterlassenschaft, das Herzogsschloß und das hochragende Münster, als städtebauliche Glanzpunkte zu schätzen. Doch die Residenzstadtepoche war eigentlich nur eine Episode. Sie ging schon nach einem halben Jahrhundert wieder zu Ende. Ludwigs des Bärtigen einziger Sohn, Ludwig der Höckrige, hatte seinen Vater auf der Burg in Neuburg gefangengenommen und ihn dessen Todfeinden ausgeliefert. Der Höckrige starb 1445, während sich der Vater, Gefangener auf der Burg von Burghausen, hartnäckig weigerte, das von ihm geforderte Lösegeld zu bezahlen und schließlich 1447 das Zeitliche segnete. Mit seinem Tod wurden die Ingolstädter ganz einfach durch Erbfolge landshutisch.

Die bayerische Landesuniversität
Der Begriff Zentralismus war damals noch nicht geläufig. So dachte Ludwig der Reiche von Landshut, als er eine Universität, die erste bayerische, errichten wollte, nicht an seine eigene Residenz, sondern an die neu erworbene Stadt Ingolstadt. 1458 wandte er sich mit seinem Anliegen an Papst Pius II. (Eneo Silvio Piccolomini), der als Humanist einer solchen Absicht voll und ganz aufgeschlossen war. Der Vollzug ließ freilich noch auf sich warten; denn es galt in diesen Zeiten immer zuerst noch einige kriegerische Verwicklungen zu bereinigen, bevor man sich friedlichen Geschäften zuwenden konnte. 1472 aber war es so weit, daß der Herzogliche Rat Martin Mair vor seinem fürstlichen Herrn die Stiftungsurkunde für die Hohe Schule in Ingolstadt verlesen und die Eröffnungsansprache halten konnte, wobei er betonte, daß durch dieses Bildungsinstitut auch den aus bürgerlichen Kreisen Stammenden der Weg zu hohen Ämtern in Kirche und Staat geöffnet sei.

Die Renaissancefestung
Als Ingolstadt um 1500, wiederum durch Erbfolge, mit dem Herzogtum Landshut an die Münchner Linie der Wittelsbacher gefallen war, da erkannten die neuen Herren, die Herzöge Wilhelm IV. und Ludwig X., die gemeinsam regierten, die strategische Bedeutung Ingolstadts im Nordwesten ihres Herrschaftsbereichs. Sie ließen ab 1539 einen Festungsgürtel mit Wällen, Geschützstellungen und Bastionen bauen, welcher der Stadtmauer vorgelagert war und diese als zweite Verteidigungslinie integrierte. Die Stadt war nun

Landesuniversität und Landesfestung zugleich. Dieser Zusammenstand bewährte sich für die Wissenschaft und für die Stadt, als die Festung im Jahre 1632 dem Schwedenkönig Gustaf Adolf erfolgreich widerstand, während Eichstätt zweimal niedergebrannt wurde und München sich nur durch eine hohe Kontribution von der Brandschatzung freikaufen konnte.

1800, ein „schwarzes" Jahr

Mit dem Entstehen einer regulären Garnison im 18. Jahrhundert freilich, da lebten sich Wissenschaften und Landesverteidigung auseinander. Es kam zu ständigen Reibereien zwischen Studenten und Soldaten, die mitunter blutig endeten. Manchen Professoren wurde es zwischen den Wällen und Mauern und in den schmalen Gassen zu eng, während in München die Akademie der Wissenschaften frei atmete und aufblühte. Die Hohe Schule, die Universität, sollte ihres „gotischen Gewandes" entkleidet werden, das war ihre These. Die napoleonischen Kriege lösten das Problem mehr oder weniger gewaltsam. Im Jahr 1800 wurde die Universität auf Anordnung der bayerischen Regierung unter Berufung auf den Kriegszustand nach Landshut verlegt, und im gleichen Jahr befahlen die siegreichen Franzosen die Zerstörung der Festung Ingolstadt. Dieses Jahr war wohl das schwärzeste der Stadtgeschichte. Mit den Professoren und Studenten zogen auch jene Kreise ab, die man zur „feineren und gebildeten Welt" rechnete. Von den einfachen Handwerkern konnten viele ihre Familien nicht mehr ausreichend ernähren. Kurz und gut, die Einwohnerschaft Ingolstadts reduzierte sich schlagartig um fast die Hälfte. Die verarmte Stadt bot einen traurigen Anblick, wie mancher durchreisende Zeitgenosse feststellte, der noch ihre Glanzzeit gekannt hatte.

Die klassizistische Festung

Alles Bitten und Betteln um Zurückverlegung der Universität, die schließlich 1826 in München ihre endgültige Bleibe fand, nützten nichts. Ein Anonymus, der voll Bitterkeit schrieb, es werde halt doch darauf hinauslaufen, daß man Ingolstadt mit Militär entschädigen werde, sollte recht behalten. Es lief wirklich darauf hinaus. 1828 begann der Bau der neuen klassizistischen Festung, der auf 15 Jahre rund 6000 Arbeiter nach Ingolstadt zog und für diese Zeit den Gulden rollen ließ. Aber dann war die Stadt eingeschlossen in diese Mauern, das Sagen hatte das Festungsgouvernement, Handel und

Wandel prallten an den dicken Bastionen ab. Die Stadt wurde die „Schanz", und die Bürger nannten sich selbstironisch, wie sie es auch heute noch manchmal gerne tun, „Schanzer". Soldaten gab es damals in allen Waffengattungen und Dienstgraden, vom Gemeinen bis zum General, zeitweilig mehr als Zivilisten.

Auswirkungen der beiden Weltkriege

Im Ersten Weltkrieg wich das kgl. bayer. Uniformblau dem Feldgrau. Ingolstadt war Soldatenlager, Waffenarsenal und Lazarett. In den Rüstungsfabriken wurden Geschütze und Granaten hergestellt, was Hochöfen und Maschinen nur hergaben. Wiederum kam ein jähes Ende. Der Versailler Vertrag machte Schluß mit alledem und verminderte die riesige Garnison auf ein Bataillon Infanterie. In den Waffenschmieden rüstete man um auf friedliche Produktion. Statt der Geschütze stellte man Spinnereimaschinen und Webstühle her. Die Weltwirtschaftskrise ließ aber auch den Textilmaschinenbau nicht ungeschoren. Bald ging es wieder in das alte Fahrwasser. Das Dritte Reich füllte die alten Kasernen und baute noch neue dazu, ließ offen und geheim Kriegsmaterial herstellen, verstaute es in Lagerhäusern und unterirdischen Kavernen. Halb Ingolstadt war für die Wehrmacht tätig. So war es fast ein Wunder, daß die alliierten Bomber über Ingolstadt hinweg- oder daran vorbeiflogen, bis zu den letzten Kriegswochen, als die Front schon in allernächste Nähe gerückt war. Die wenigen Wochen genügten aber, um große Teile der Stadt in Schutt und Asche zu legen. Ein Drittel der Gebäulichkeiten war beschädigt oder zerstört, als die amerikanischen Truppen am 26. April 1945 in die Stadt einmarschierten. Gravierender noch war das wirtschaftliche Debakel. Von 14 000 Arbeitsplätzen waren mit dem Zusammenbruch des Reichs und dem Ende der Wehrmacht 10 000 verlorengegangen.

Ein grundlegender Neubeginn

Bombenschäden, Arbeitslosigkeit, Flüchtlingselend, damit mußte die Stadt nach 1945 fertig werden. Die von der Wehrmacht hinterlassenen Kasernen, Remisen und Werkhallen sowie die Gunst der Lage mit gut ausgebauten Verkehrswegen waren jedoch ein Startkapital, das sich bewähren sollte. Heute weltweit angesehene Firmen, wie die Textilmaschinenfabrik Schubert & Salzer, der renommierte Autohersteller Audi AG, die Erdölraffinerien in und um Ingolstadt, und viele andere Industriezweige schufen eine tragfähige Basis für den neuen Wirtschaftsstandort an der mittleren Donau. Der Umschwung, die Wendung zu einer ganz anderen Stadtstruktur in der zweiten Hälfte des XX. Jahrhunderts ist geglückt.

Rückbesinnung auf die Geschichte

Trotzdem hat man hier die vergangenen Jahrhunderte nicht vergessen. Ja, man ist sogar etwas unglücklich darüber, daß der Ruf der Industriestadt die Tradition und die Geschichte, das, was alt, ehr- und sehenswürdig ist, zu sehr überlagert. Dabei ist fast jedes zweite Gebäude im Stadtkern ein Zeuge dieser oder jener Epoche der Vergangenheit. Solchen Hinweisen und Erinnerungen wollen wir jetzt in der Altstadt nachgehen. Fangen wir in der Mitte an, wo die vier Hauptstraßen zusammenstoßen, wo einstmals an Hausecken durch farbige Tafeln die vier Stadtviertel markiert waren, das rote, das gelbe, das grüne und das weiße Viertel. Diese Straßenkreuzung heißt der Schliffelmarkt. Wer aber diesen Namen im Telefon- oder Adreßbuch sucht, der tut das vergeblich. Ihn kennen nämlich nur die eingesessenen Ingolstädter, die noch erlebten, wie ihre Eltern und Großeltern nach dem Gottesdienst in der Unteren Pfarr auf dem damals noch (und jetzt wieder) „autofreien" Platz stehenblieben, um Neuigkeiten auszutauschen, wobei der altbayerische Ausdruck „schliffeln" allerdings mehr auf das Herumlungern gemünzt war.

Die Pfarrkirche St. Moritz

Die Untere Pfarr, das ist die St.-Moritz-Kirche, die gotische Kirche, die durch die beiden unterschiedlichen Türme, den mit einem spitzen Dach und den mit Zwiebelhaube und umlaufender Galerie, auffällt. Der zweite gehört aber gar nicht zur Kirche. Er gehört der Stadt und diente dem Turmwächter als Auslug, um Schiffsbewegungen auf der Donau und das Ausbrechen eines Feuers zu melden. Da sich auch die Stadtmusikanten von dort oben vernehmen ließen, erhielt er den Namen Pfeifturm. Kehren wir jedoch zu dem spitzbehelmten zurück! Er, der noch romanische Bauelemente seiner Entstehungszeit an sich trägt, ist mit einigen Grundmauern der Kirche, zu der er gehört, das älteste genau datierbare Bauwerk der Stadt. Er durfte nämlich seine Glocken erstmals 1234 bei der Einweihung der Pfarrkirche St. Moritz erklingen lassen. Es ist anzunehmen, daß vor ihr auf diesem Platz bereits eine Holzkirche gestanden hat; denn in der Urkunde von 806 werden schon zwei Kirchen genannt, deren eine hier gewesen sein muß, während die andere, die Kirche im Felde, mit der des Ortes Feldkirchen identisch sein dürfte. Gleich neben der Moritzkirche muß der Meierhof gestanden haben, der Herrenhof, die Keimzelle der Siedlung und späteren Stadt Ingolstadt.

Der Herzogskasten Marieluise-Fleißer-Bücherei

Nur ein paar hundert Schritte führen uns zum ältesten profanen Bauwerk, zum Herzogskasten. Er muß wohl – das genaue Jahr weiß man nicht – ebenfalls Mitte des 13. Jahrhunderts von Herzog Ludwig dem Strengen erbaut worden sein. Die Bezeichnung „Kasten" bedarf vielleicht noch einer Erläuterung. Sie ist nicht vom äußeren Aussehen abgeleitet, sondern von der Funktion des Gebäudes. Kasten war im Mittelalter die Staatskasse oder das Steueramt, wo der Zehent in Form von Naturalien angesammelt wurde. Der erste Ingolstädter Herzog, Stephan der Kneißel, der mit Thaddäa Visconti aus Mailand verheiratet war, wird sich in dieser Burg niedergelassen haben, als ihm bei der Erbteilung Ingolstadt als Regierungssitz zufiel. Heute befindet sich im Herzogskasten die städtische öffentliche Bibliothek, welche nach der bedeutenden Ingolstädter Dramatikerin und Erzählerin des 20. Jahrhunderts Marieluise-Fleißer-Bücherei benannt ist. Ihre Dramen, vor allem „Die Pioniere in Ingolstadt" und „Fegefeuer in Ingolstadt", gehören zum Repertoire der deutschsprachigen Bühnen.

Das Stadttheater

Von dem etwas erhöht stehenden Herzogskasten fällt der Blick auf ein Gebäude aus Glas, Stahl und Beton. Es ist das Stadttheater, welches zusammen mit dem Herzogskasten und dem Herzogsschloß, von dem noch die Rede sein wird, das nördliche Donauufer beherrscht. Das frühere Stadttheater, das am Rathausplatz stand, ein Bau von 1873, war im letzten Kriegsmonat Brandbomben zum Opfer gefallen. Für das neue hatte die Festung einen idealen, weil zentrumsnahen Platz „reserviert". Der ehemalige Militärbahnhof war dafür gerade recht. Vor dem Haus, in dem Bau- und Theaterfachleute einen der gelungensten Theaterneubauten sehen, die in Deutschland nach dem Kriege errichtet wurden, liegt ein geräumiger Vorplatz, auf dem sich zweimal in der Woche, reich beschickt und farbenfroh, ein Landprodukten- und Gemüsemarkt abspielt. – Das Stadttheater ist mehr, als der Name besagt. Es ist ein vielseitiges Haus. Geboten sind neben Schauspiel, Oper und Operette Studioaufführungen in einer Werkstattbühne. Unter dem gleichen Dach liegt der große Festsaal, in dem Konzerte der ernsten und der leichten Muse stattfinden. Außerdem wechseln sich dort Tagungen und Kongresse mit geselligen Veranstaltungen ab. Schließlich befinden sich unter der Terrasse noch Galerieräume für Wechselausstellungen der bildenden Kunst. Durch seine Multifunktionalität ist dieses Haus zu einem gesellschaftlichen und kulturellen Sammelpunkt und zu einer Stätte des Erlebnisses und der Begegnung für Ingolstadt geworden. Wenn man noch die Volkshochschule mit einbezieht, die gleich neben dem Herzogskasten ebenfalls in einem historischen Gebäude, der ehemaligen kurfürstlichen Universitätsreitschule, eine dauernde Bleibe gefunden hat, dann hat man einen Bereich vor sich, der alle kulturellen Aktivitäten in sich vereint. Die Gebäude, in denen sie wirken, Herzogskasten, Reitschule und als modernes Pendant das Stadttheater, bilden ein städtebauliches Ensemble von hohem Rang und urbaner Ausstrahlung bis hinaus in die weitere Umgebung.

Das Herzogsschloß Bayer. Armeemuseum

Gehen wir wieder ein paar hundert Meter weiter, und wir stehen vor dem Herzogsschloß, mit dem sich Ludwig der Gebartete, der zweite Ingolstädter Herzog, eine wehrhafte Burg und eine fürstliche Wohnstätte geschaffen hat. 20 Jahre lang war er bei seiner Schwester Elisabeth, die als Isabeau de Bavière in die Geschichte eingegangen ist, am königlichen Hof in Paris gewesen, hatte dort als Mitglied des Kronrats eine herausragende Stellung eingenommen und war nacheinander mit zwei Damen des französischen Hochadels verheiratet. Mit reichen Besitztümern nach Ingolstadt zurückgekehrt, trat er 1413 nach dem Tod seines Vaters Stephan die Regierung an. Die Pracht und die höfische Lebensweise der französischen Hauptstadt vor Augen, mochte ihm die kleinstädtische Lebensweise in der angestammten Residenz nicht mehr genügen. Er hatte sich in größere Dimensionen hineingelebt. So begann er 1418 mit dem Bau der „Newen Veste", die er mit ihren Türmen und Türmchen nach französischem Vorbild ausführen ließ und die mit ihren zauberhaften Räumlichkeiten, insbesondere dem Schönen Saal mit der gewundenen Säule, die schönsten gotischen Interieurs in Bayern besitzt. Daß er das östliche Stadttor mir nichts dir nichts in seinen Schloßkomplex einbezog, verdroß begreiflicherweise die Bürgerschaft. Sie hatte alle Mühe, ihn dazu zu bewegen, daß er ihr auf seine Kosten einen Ersatzbau neben dem Schloßgraben errichten ließ. Dieses neue Feldkirchener Tor steht längst nicht mehr. Das alte blieb jedoch erhalten. Es steht, wenn auch völlig unmotiviert, mitten im Schloßbereich.

In den 60er Jahren wurde das Schloß restauriert. Es erhielt seine steilen Turmdächer wieder zurück, die ihm durch Brandkatastrophen abhanden gekommen waren. Als es fertig war, zog das Bayerische Armeemuseum ein, das seinen Standort von München nach Ingolstadt verlegt hatte. Seine Sammlung ist nicht weniger kultur- und kunsthistorisch als militärgeschichtlich bemerkenswert. Stammen doch die Rüstungen und Waffen aus einer Zeit, da auch das Kriegswerkzeug mit größtem kunsthandwerklichem Geschick geschmiedet, gegossen, ziseliert und geschnitzt wurde. Der Beute aus den Türkenkriegen mit Damaszenerklingen, reich bestickten Sätteln und einem großen Prunkzelt ist eine eigene Abteilung gewidmet. Liebhaber von Zinnsoldaten finden Dioramen, welche Gefechte von den Feldzügen der Römer bis zu Schlachten des Siebenjährigen Krieges darstellen. Für die Schlacht bei Leuthen mit 17 000 historisch uniformierten Figürchen braucht man schon ein Fernrohr, um alle Einzelheiten erfassen zu können. Bei aller Fülle, welche die Sammlung auszeichnet, sind die Exponate dennoch so geschickt und dezent angeordnet, daß die hochkultivierte spätgotische Innenarchitektur der Räume nichts von ihrem Reiz verliert.

Straßen, Plätze, Häuser Um zu dem zweiten monumentalen Bauwerk Ludwigs des Bärtigen zu gelangen, müssen wir auf der Ost-West-Achse die ganze Stadt durchqueren, d. h. durch die Ludwigstraße, die früher einmal Schloßgasse hieß, und die Theresienstraße, die früher Weinmarkt war und auch so genannt wurde, gehen. In der Ludwigstraße sehen wir nicht mehr viele alte Bürgerhäuser, weil dort die Bomben Lücken geschlagen haben und weil einige dem aufstrebenden Geschäftsleben zum Opfer gefallen sind. Wenn wir uns jedoch der Kreuzung der

Hauptstraßen nähern, dann fällt der Blick auf ein hohes Giebelhaus mit barocker Stuckfassade, das Ickstatt-Haus. Es heißt so, weil es einmal dem Freiherrn von Ickstatt, einem der bedeutendsten Aufklärer in Bayern, gehört hatte. In der Kreuzung selbst fällt der Blick nicht ins Leere. Er wird aufgefangen durch ein Gebäude, das sich gleich einer Kulisse, gleich einem Absatz, der ein Kapitel abschließt und auf ein neues neugierig macht, in die Straße hineinschiebt. Dieser Blickfang unmittelbar vor uns ist ein gotisches Giebelhaus mit einem behäbigen, von einem Zwiebeldach bedeckten Erker, eine alte Apotheke.

Biegen wir um deren Ecke, dann öffnet sich die Theresienstraße, die Prachtstraße von Ingolstadt; denn hier und in den Parallelstraßen wohnten einst die Leute, die was galten: Regierungsbeamte, Professoren und Buchdrucker, Militärs, Handwerksmeister mit Sitz und Stimme im Rat. Hier hatte auch der Landadel seine Stadtwohnungen. Wir finden keine pompösen Paläste; denn es gab hier keine an Dukaten schweren Patrizierfamilien und Handelsherren. Wir sehen jedoch ansehnliche, behäbige Bürgerhäuser, die ihre schmucken Giebel mit Stolz der Straße zuwenden. Wollten doch die Bauherren von damals je nach Vermögen und Geschmack ihre Wohnhäuser mit den unterschiedlichsten Giebelformen verschönern, Ausdruck eines lebensfrohen Individualismus.

Die breite Theresienstraße bis hin zu einer wiederum den Straßenraum wie einen Platz abschließenden Kulisse war, wie schon gesagt, der Weinmarkt bis zum Beginn des 17. Jahrhunderts. Man muß nämlich wissen, daß hier die Weinwirte in der Überzahl waren und daß in Ingolstadt wie auch anderswo
in Bayern bis dahin weitaus mehr Wein getrunken wurde als Bier. Und woher kam der Wein, der hier gehandelt wurde?
Zum Teil wohl aus dem Rheinland als Gegenladung
zu dem dorthin beförderten Salz, zum Teil aber wohl auch
aus der näheren Umgebung; denn zahlreiche Flurnamen
zeugen noch davon, daß am nördlichen Donauufer in der Nähe von Ingolstadt Wein kultiviert wurde. Aber auch für die Bierbrauer hat der Name Ingolstadt seinen Stellenwert; denn hier wurde 1516 jenes

Das Münster Reinheitsgebot erlassen, das auch in die moderne Gesetzgebung übernommen wurde und das heute noch so aktuell ist wie eh und je. Inzwischen nähern wir uns unserem Ziel, dem zweiten Bauwerk Ludwigs des Gebarteten. Schon als wir die Theresienstraße betraten, erblickten wir über den Treppengiebeln der Häuser einen massigen Backsteinturm, dessen Dach zuerst ganz flach ansteigt und schließlich mit einem putzig wirkenden Zwiebelchen gekrönt ist, ein wohl einzigartiger Turmabschluß. Am Ende der Straße stehen wir wie gebannt vor einem gewaltigen Kirchenschiff und sehen, daß unser Turm noch einen kleineren Zwillingsbruder hat. Das ist die Obere Pfarr oder das Münster „Zur Schönen Unserer Lieben Frau", das Herzog Ludwig erbauen ließ als zweite Pfarrkirche der Residenzstadt und als seine Grablegungskirche. Besonders monumental ist die Westfassade, die, von den beiden übereckgestellten Türmen flankiert, himmelhoch emporstrebt, ein unverkennbares Charakteristikum des Ingolstädter Wahrzeichens, das weithin das breite Donaubecken beherrscht. Wie die meisten gotischen Kirchen und Dome, geplant von Baumeistern, welche die Zeit nicht in Rechnung stellten, ist auch das Ingolstädter Münster unvollendet geblieben. Unvollendet, doch nahezu vollkommen in den Proportionen seines wuchtigen Baukörpers. Der Innenraum der größten Hallenkirche Bayerns ist Ausdruck eines himmelwärts strebenden Raumgefühls. Die Flucht von neun massigen und doch schlank wirkenden Säulenpaaren führt den Blick zum Hochaltar, dessen Gestalt sich wie eine Monstranz in den abschließenden Chorbogen einfügt.

Gescheitert ist der Bauherr mit der Absicht, sich in seiner Kirche in einem Hochgrab, wofür er schon Entwürfe in Auftrag gegeben hatte, beisetzen zu lassen. Er starb in Gefangenschaft in Burghausen, wurde im Kloster Raitenhaslach bestattet; die genaue Grabstelle kennt niemand mehr. Gescheitert ist der Herzog, der mit allen und allem im Streit lag und die längere Zeit unter dem Kirchenbann stand, auch mit frommen Stiftungen, die seinem Seelenheil förderlich sein sollten. Ein paar Dutzend Männer, die den Bart nicht scheren und eine bestimmte Tracht tragen sollten, hätten für ihn täglich in feierlicher Form singen und beten müssen. Für sie hatte er in der Nähe des Münsters ein stattliches Pfründnerhaus bauen lassen. Es gab jedoch nach seinem Tod niemand, der für die Erfüllung seines Willens gesorgt hätte.

Die Hohe Schule Das Pfründnerhaus hingegen sollte bald eine ganz andere Bedeutung bekommen. Es wurde Sitz der Hohen Schule, der von Herzog Ludwig dem Reichen von Landshut gegründeten Landesuniversität. Und Ingolstadt wurde zum Aureatum oder Chrysopolis, wie die der wiedererwachenden Klassik, dem Humanismus verpflichteten Gelehrten ihre Wirkungsstätte zu nennen pflegten. Freilich, die via antiqua und die via moderna, die Scholastik und der Humanismus, lagen noch eine Weile im Widerstreit, bis der „neue Weg", die Loslösung von dem aristotelischen Weltbild und die Hinwendung zu Empirie und Forschung obsiegten. Namen wie Konrad Celtis (Philosophie und Literatur), Johannes Reuchlin (Philologie), Johannes Aventinus (Historie), Peter Apian (Astronomie und Mathematik), Philipp Apian (Geometrie und Geographie), Leonhard Fuchs (Medizin und Botanik) sind an der noch jungen Universität Repräsentanten induktiven Denkens und der Naturwissenschaften. Die Reformation freilich brachte eine Schwerpunktverlagerung zur Theologie. Protagonist gegen die neue Lehre wurde der Professor und mehrfache Rektor der Universität Ingolstadt Dr. Johannes Eck. Ihm war es in die Hand gegeben, die päpstliche Bulle Exsurge Domine im Jahre 1520 gegen Martin Luther zu veröffentlichen. Ingolstadt kontra Wittenberg. Das Ingolstädter Münster, inzwischen Universitätskirche geworden, wo Dr. Eck auch als Pfarrherr residierte, war nun Bollwerk gegen das protestantische Deutschland. Nach Ecks Tod übernahmen die Jesuiten unter Petrus Canisius aus Nijmwegen die Aufgabe der Gegenreformation, der Erneuerung des Katholizismus an Haupt und Gliedern. An das Wirken der Jesuitentheologen – unter ihnen auch Dramatiker und Naturforscher – erinnern zwei Gebäude nördlich des Münsters, der Renaissancebau des Konvikts, stattlicher Rest eines riesigen Komplexes, dem damals 40 Wohnhäuser weichen mußten, und der barocke Orbansaal, der im 18. Jahrhundert eine reiche Sammlung von Gemälden, Kupferstichen, physikalischen und ethnographischen Exponaten enthielt.

*Die Alte Anatomie
Medizinhistorisches Museum*

Für die Naturwissenschaftler war im 18. Jahrhundert ein eigenes Gebäude dringend notwendig geworden. Da Physik, Chemie, Astronomie und Botanik damals noch mit der Heilkunde vereint waren, entstand das Institut, das unweit der Hohen Schule in den Jahren zwischen 1723 und 1735 erbaut wurde, unter der Ägide der medizinischen Fakultät. Die lange Bauzeit erklärt sich damit, daß die Mittel dafür nur ganz zäh flossen. Als es aber fertig war, da bot es den Anblick eines reizvollen Barockschlößchens mit einem Lustgarten dahinter, der aber nicht dem Vergnügen, sondern der botanischen Forschung diente. Ganz besonders stolz war man auf das „Anatomische Theater" im Mittelbau, in dem eine umlaufende Galerie dafür sorgte, daß die Studenten ungehindert von jedem Punkt aus bei den Leichensektionen und sonstigen Demonstrationen zusehen konnten.

Nach dem Abzug der Universität im Jahre 1800 verfiel das Gebäude, das parzelliert und für alle möglichen Zwecke verwendet wurde, immer mehr. Im Hinblick auf das 500jährige Jubiläum der Universität Ingolstadt - München im Jahre 1972 renovierte die Stadt Ingolstadt das Gebäude und legte den Garten wieder an. Heute ist in der Alten Anatomie das Deutsche Medizinhistorische Museum untergebracht. Im Inneren – Mittelpunkt ist der ehemalige Demonstrationsraum mit einem allegorienreichen Deckenfresko – ist die Entwicklung der ärztlichen Kunst von der Antike bis zur Neuzeit dargestellt. Im Garten wachsen Heilpflanzen, wie sie die Ärzte von Hippokrates bis Paracelsus in ihren Arzneischränkchen führten.

„Burg der Wissenschaft ..."

Unmittelbar vor dem Museum liegt der Scherbelberg oder der „Monte Scherbelino", wie man auch scherzhaft die höchste Erhebung von Ingolstadt nennt. Die ist, wie schon der Name andeutet, künstlich. Sie ist nämlich ein Überrest der Renaissancefestung, der in den dreißiger Jahren noch um ein paar Wagenladungen an Aushub erhöht wurde. Wenn man die hier hochgewachsenen Büsche etwas auslichtete, dann hätte man noch einen besseren Überblick auf das so reizvolle, weil noch unverfälschte Panorama der mittelalterlichen Stadt, beherrscht von dem monolithischen Münster, aber auch vom Steildach der Hohen Schule; vorgelagert die alte Stadtmauer. Die Vorstellung „Burg der

Wissenschaft" drängt sich unwillkürlich auf, wenn man an die vergeblichen Belagerungen Ingolstadts im Schmalkaldischen oder Dreißigjährigen Krieg denkt.

... und Stadt der Bauern"

Unter den Rundtürmen der Stadtmauer – so viele sollen es gewesen sein, daß sie der Stadt den Beinamen ad centum turres eingetragen haben – sehen wir einen höheren mit Treppengiebel, den Taschenturm. Eigentlich ist er, wenn er auch als Gefängnis gedient hat, ein Stadttor, ein fünftes. Warum das? fragte man sich, wo doch üblicherweise jede mittelalterliche Stadt nur zwei oder vier Auslässe an den jeweiligen Hauptstraßen besessen hat. Nun, das war ein Entgegenkommen für einen Teil der Bürgerschaft, für jenen Teil, der von Viehzucht und Ackerbau lebte, der seine Hofstätten überwiegend im südwestlichen Stadtteil hatte und dessen Felder im Westen vor der Stadt lagen. Nährstand und Lehrstand waren hier eben auf engstem Raum vereint. Entbehrt es doch nicht eines gewissen Reizes, wenn man bedenkt, daß Gelehrten, welche den ersten auf trigonometrischen Vermessungen beruhenden Atlas der Welt, das erste quellenmäßig fundierte Geschichtswerk, das erste umfassende botanische Handbuch schufen, bei ihren Vorlesungen der Geruch von Mist und Odel um die Nase wehte. Es ist übrigens noch gar nicht lange her, daß der letzte Landwirt seinen angestammten Hof innerhalb der Stadtmauer verlassen hat.

Die mittelalterliche Stadtmauer

Wir aber gehen jetzt auf den Spuren der ehemaligen Universität weiter zu dem kostbarsten Kleinod, das sie Ingolstadt hinterlassen hat. Der Weg führt uns die Stadtmauer entlang, wobei wir feststellen, daß sich an der Innenseite Häuser und Häuschen an sie schmiegen. Das kam so. Bei der Auflassung der alten Festung konnten sich Bürger ein Stück der Stadtmauer mit einem Gärtchen davor kaufen. Das war damals den weniger Bemittelten willkommen, konnte man sich doch beim Häuschenbau wenigstens eine Außenmauer ersparen. Heute ist es jedoch schon fast schick, eine Stadtmauerwohnung zu besitzen, besonders wenn sie einen der Halbrundtürme wie einen Erker mit einschließt.

Beim Weiterspazieren machen wir eine Entdeckung, bei der wir ein bißchen verweilen müssen; wir erblicken das Kreuztor, das laut Inschrift im Jahre 1385 erbaut worden ist. Dem unbekannten

Meister, der dieses Glanzstück mittelalterlicher Baukunst schuf, das unter den Wehrbauten jener Zeit nicht so leicht seinesgleichen findet, scheint es – so empfinden wir es wenigstens heute – weniger um eine Trutzwehr als um eine dekorative Eingangspforte und um eine ästhetische Dominante im umfassenden Mauerring gegangen zu sein. Fast barock verspielt mutet es an, wie der quadratische Grundriß in einen oktogonalen, zinnengekrönten Aufbau übergeht und schließlich in einen spitzen Turmhelm ausläuft, der sich in sechs Ecktürmchen verkleinert wiederholt. Das Kreuztor und dahinter das Münster, sie sind mit ihrer altbayerischen Backsteinstruktur ein Bild von großartiger Harmonie, sie sind unverwechselbar Ingolstadt.

Christoph Scheiners Turm und Tillys Sterbehaus

Wir gehen durch dieses Tor, am Münster vorbei und lassen uns von einem Hinweisschild weiterführen; denn das Kleinod, das wir suchen, ist etwas versteckt. Unterwegs kommen wir an der Schmalseite eines mächtigen Backsteingebäudes vorbei, der Flandernkaserne, mit einer Steintafel, auf der zu lesen ist, daß hier die Hl.-Kreuz-Kirche gewesen sei, auf deren Turm der Jesuitenpater Christoph Scheiner mit einem selbstgebauten Fernrohr die Sonnenflecken entdeckt habe. Darüber war zwischen ihm und Galileo Galilei ein heftiger Streit entbrannt, wer als erster dieses astronomische Phänomen beobachtet und beschrieben habe. Wir lassen es beim Unentschieden und wenden uns gegenüber dem Haus mit der Strahlenmadonna auf dem First zu. Wiederum eine Tafel verrät uns, daß der in der Schlacht bei Rain am Lech schwerverwundete Feldmarschall Tilly während der Belagerung Ingolstadts durch die Schweden im Jahre 1632 in diesem Haus gestorben ist.

Die Asamkirche Maria de Victoria

Jetzt endlich fällt der Blick auf eine barocke Stuckfassade, die sich bescheiden in eine Zeile von Bürgerhäusern einreiht. Soll es das gesuchte Kleinod sein? Der dunkle Vorraum läßt jedenfalls nichts Besonderes ahnen. Wenn sich aber nach Überwindung von ein paar Stufen die beiden Flügeltüren öffnen, dann bietet sich ein Bild von überwältigender Großartigkeit. Transzendente Schwerelosigkeit bestimmt den Eindruck des Raumes, dessen Flachdecke ein perspektivisch und kompositorisch genial gemeistertes Fresko zeigt. Die Heilsgeschichte der Welt und die Verehrung der Mutter Gottes sind die thematischen Schwerpunkte, zu denen theologische und weltliche Allegorien, exotische Szenen und Naturschilderungen sowie eine Fülle von Emblemen in Beziehung stehen. Auch der sonstige Schmuck, die reich intarsierten Türen, Schreine und Seitenstühle erregen unsere Bewunderung.

1735 ließ die Marianische Studentenkongregation dieses Bauwerk von dem berühmten bayerischen Brüder- und Künstlerpaar, den Barockbaumeistern Egid Quirin und Cosmas Damian Asam, als Versammlungsraum erbauen. Er diente als Kongregationssaal bis zum Weggang der Universität. Nach 1800 hielt dort die bürgerliche Bruderschaft „Maria vom Siege" ihre Gottesdienste ab, der sakrale Raum bekam den Namen „Maria de Victoria". Prunkstück der Schatzkammer ist die Türkenmonstranz mit einer Fülle bildnerischer Details, welche die Bruderschaft zur Erinnerung an den Seesieg bei Lepanto über die Türkenflotte bei dem Augsburger Goldschmied Johann Zeckl in Auftrag gegeben hatte.

Dr. Jörg Faust Wenn wir uns nun zur Harderstraße begeben, nur einen Häuserblock weit, dann sehen wir am linken Eckhaus eine Tafel, die besagt, daß hier der Dr. Jörg Faust gewohnt habe. Ob es wirklich seine Wohnung war, ist zweifelhaft; gewiß ist jedoch, daß er in Ingolstadt war. Aus einem Ratsprotokoll von 1528 ist nämlich zu ersehen, daß man ihn, wie es ihm auch an anderen Orten widerfahren ist, aus der Stadt gewiesen hat, indem man ihm eröffnete, er möge seinen Pfennig anderswo verzehren. Was er unter dem Deckmantel der Wissenschaft so betrieb, war der Bürgerschaft offenbar nicht ganz geheuer.

Minoritenklöster An der gegenüberliegenden Straßenecke steht ein Kirchlein aus dem 15. Jahrhundert. Diese kleine Kirche mit Dachreiter und Bimmelglocke – drinnen ein wunderschönes Relief des Bildschnitzers Hans Leinberger – gehört zum Franziskanerinnenkloster St. Johann im Gnadenthal, das aus einem im Jahre 1276 gegründeten Seelhaus für fromme Frauen hervorgegangen ist. Nur ein Jahr früher ist gegenüber das Franziskanerkloster entstanden, dessen Basilika mit steilem First emporragt. Auf dem Platz davor steht eine Mariensäule. Sie ist ein Geschenk der Partnerstadt Carrara, die eine Leinberger-Madonna im Dom von Brixen von ihren Bildhauern in Marmor nachbilden ließ. Die Kirche müssen wir unbedingt betreten, weil die Epitaphien an Wänden und Pfeilern manches aus der Geschichte Ingolstadts berichten. In Bild und Schrift stellen sich uns Gelehrte, Theologen und Juristen der ehemaligen Universität, Verwaltungsbeamte der Herzöge und Kurfürsten, Offiziere, Adelige, Künstler und wohlhabende Bürger vor, die einstmals dieser Stadt das Gepräge gaben.

Der Teufelsstein Während sich die Harderstraße mit ihren Linden nach Norden wie ein Boulevard entfaltet – sie war einmal der Schauplatz großer Militärparaden –, wird ihre Verlängerung nach Süden, die Straße Am Stein, ganz schmal. Übrigens ein seltsamer Name. Warum „Am Stein"? Diesen ominösen, etwas rötlichen Stein finden wir allerdings nur, wenn uns jemand die Nase drauf stößt, eingelassen in den Bürgersteig, vor dem Eckhaus am Schliffelmarkt gegenüber der alten Apotheke. Ihn soll der Böse, den man früher in frommer Umschreibung den Gottseibeiuns nannte, heruntergeschleudert haben auf die im Bau befindliche Obere Pfarr, um das werdende Gotteshaus zu zerstören. Er habe aber sein Ziel verfehlt, und die darob glücklichen Bürger hätten den Stein nächsten Tags zum ewigen Andenken in der Mitte der Stadt eingegraben.

Was stand einst am Rathausplatz? Was im April 1945 vom Himmel fiel, war weitaus gefährlicher. Das traf. Eine wunderbare Kirche, die Augustinerkirche, die der berühmte Barockbaumeister Johann Michael Fischer um 1740 erbaut hatte, wurde völlig zerstört. Nur einige geschweifte Grundrißlinien, die man im Pflaster des Viktualienmarktes eingelassen hat, zeigen an, wo sie einst war. Zerstört wurden ferner der alte Salzstadel, wo sich auch die Vergnügungsstätte des mittelalterlichen Ingolstadt, das Tanzhaus, befunden hatte, sowie das Stadttheater und das Festungsgouvernement, beide Bauwerke aus dem 19. Jahrhundert. Sie alle drei hatten vor dem Krieg mit dem Alten Rathaus und der Hl.-Geist-Spital-Kirche den Rathausplatz, der vordem einmal Gouvernementplatz hieß – bezeichnend für die Gewichtungen in der ehemaligen Festungsstadt –, umschlossen. Noch einen Blick auf die Neorenaissancefassade des Alten Rathauses, die vier verschiedene, innen miteinander verbundene Häuser zu einem einheitlichen

Gesicht zusammenfaßt, und auf die Spitalkirche – ist sie offen, lohnt sich ein Blick ins Innere –, bevor wir zum Abschluß einen Rundgang um die Altstadt antreten.

Das Glacis Den ganzen Weg können wir im Grünen zurücklegen. Die Festungsbauer des 19. Jahrhunderts haben der Stadt nicht nur Backsteinmauern, sondern auch eine schöne Parkanlage hinterlassen. Das Glacis, der Baumgürtel um die Stadt, der einst dem Angreifer den Blick auf die Bastionen verwehren sollte, hat längst eine freundliche Aufgabe. Es hält mitten in der Stadt, die über den Mauerring hinausgewachsen ist, ein Stück Natur lebendig. Die frische Luft, das Grün und der sich immer in neuen Perspektiven öffnende Blick auf die Stadtkrone sind beim Rundweg Erholung für Lunge und Augen. Besonders hübsch ist die westliche Partie, wo Festungswälle, Wassergraben und gärtnerische Gestaltung eine Landschaft ganz eigener Art hinzaubern. Dort sieht man übrigens eine Holzbrücke. Es ist die gleiche, deren Entstehung in Marieluise Fleißers Drama „Die Pioniere in Ingolstadt" eine wichtige Rolle spielt.

Kavalier Hepp Stadtmuseum Von den Festungswerken, die uns beim Spaziergang begegnen, wollen wir einem unsere besondere Aufmerksamkeit zuwenden. Es ist der Kavalier Hepp. Kavaliere hießen die fünf Doppeltore, welche, von Soldaten streng bewacht, die Stadt nächtens absperrten und sicherten. Dieser Kavalier Hepp hat sich hinter seiner Fassade von klassisch-schlichter Schönheit in seiner Funktion völlig verwandelt. Statt der Kanonen befinden sich in seinen Tonnengewölben Glasvitrinen, statt Bomben und Granaten Bücher, Gemälde und Kostbarkeiten der Vergangenheit. Hier befinden sich nämlich Stadtarchiv, Wissenschaftliche Bibliothek und Stadtmuseum.

Das wertvollste Besitztum ist, was sowohl das städtische Selbstverständnis wie auch den kulturhistorischen Wert anbelangt, das 1493 angelegte Privilegienbuch, in dem die Rechte der Stadt verzeichnet und bis zum 19. Jahrhundert Bürgermeister und Räte in Miniaturen abkonterfeit sind. Seltenheitswert hat ferner das maßstabgerechte Stadtmodell von 1571, das in allen wesentlichen Zügen mit einem Luftbild von heute übereinstimmt. Dokumentiert sind im Museum neben der Vorgeschichte des Großraums Ingolstadt die Entwicklung der Stadt im Laufe der Jahrhunderte, das Ingolstädter Handwerk, die Universitätsgeschichte, einfach alles, was für Werden, Wohl und Wehe der Stadt von Bedeutung ist. Anfangs umstritten, wurde das Stadtmuseum im Kavalier Hepp zum Prototyp der heutigen Nutzung von Festungsbauwerken. Nach und nach ließen sich Behörden, Schulen und kulturelle Institutionen davon überzeugen, daß die scheinbar abweisenden Bollwerke ohne große Umbaumaßnahmen für ihre Zwecke nicht nur erträgliche, sondern sogar optimale Bedingungen boten. So sind jetzt praktisch alle baulichen Überreste der militärischen Epoche mit neuem Leben erfüllt. Am südlichen Donauufer stehen Bauten, die der große Baumeister des Klassizismus, Leo von Klenze, geschaffen hat. Deren runde Formen galten zwar damals nicht mehr als das Nonplusultra des Festungsbaus, heute aber bietet ihr Anblick denselben ästhetischen Genuß wie jener seiner Prachtbauten, die in München stehen. Eines dieser Objekte, der Turm Baur, ist Schauplatz von Freilichtaufführungen geworden, die beiden anderen, Turm Triva und Reduit Tilly mit seinem schloßartigen Innenhof, werden der Erweiterung des Bayerischen Armeemuseums dienen. Die Landesgartenschau, die um sie herum im Jahre 1992 entsteht, wird sie noch besser zur Geltung bringen und dem bisher gestalterisch vernachlässigten südlichen Donauufer ein neues Gesicht geben, das es als Pendant zu dem Stadtbild auf der anderen Flußseite braucht. Die Festung: Sie war einmal Ingolstadts Leid, weil sie die „Schanz" wie ein enges Korsett einschnürte und Gewerbe und Handel, wie sie sich im 19. Jahrhundert angesichts der günstigen Mittel- und Verkehrslage hätten entfalten können, nicht hochkommen ließ. Heute kann man sagen: Ingolstadts Freud', wenn man bedenkt, was die Gründerjahre an der baulichen Substanz vielleicht hätten anrichten können, wenn sich der Kommerz damals breitgemacht hätte. Heute weiß man, daß der rote Mauerring und die Hegemonie des Militärs schützend und konservierend für die Altstadt gewirkt haben. Für die Ingolstädter ist eben diese Innenstadt der Lebensraum, den sie brauchen, um sich mit ihrer Stadt zu identifizieren. Das Blech der Autos draußenzuhalten – es hat im

Neues Leben in den Festungsbauwerken

Umfeld Platz genug –, die Innenstadt den Fußgängern vorzubehalten und so einen erfahr- und erlebbaren Intimbereich zu schaffen, das ist das Bestreben dieser Stadt, die von und mit moderner Technologie leben, aber von ihrer Tradition nichts preisgeben will.

Ein Lichtbildner hat die Stadt durchstreift, um dem nachzuspüren, was von der Vergangenheit sich dem Bild der Stadt sichtbar eingeprägt hat. Wollen wir ihn begleiten bei seinen Streifzügen über Plätze, durch Straßen und Gassen, zu herausragenden Baudenkmälern und versteckten Winkeln, indem wir weiterblättern und betrachten, was sein Auge entdeckt und seine Fotolinse festgehalten hat.

1 Rathausplatz mit Pfeifturm
2 bis 5 In der Moritzstraße

6
Blick von der Harderstraße
zur Straße Am Stein

7

8

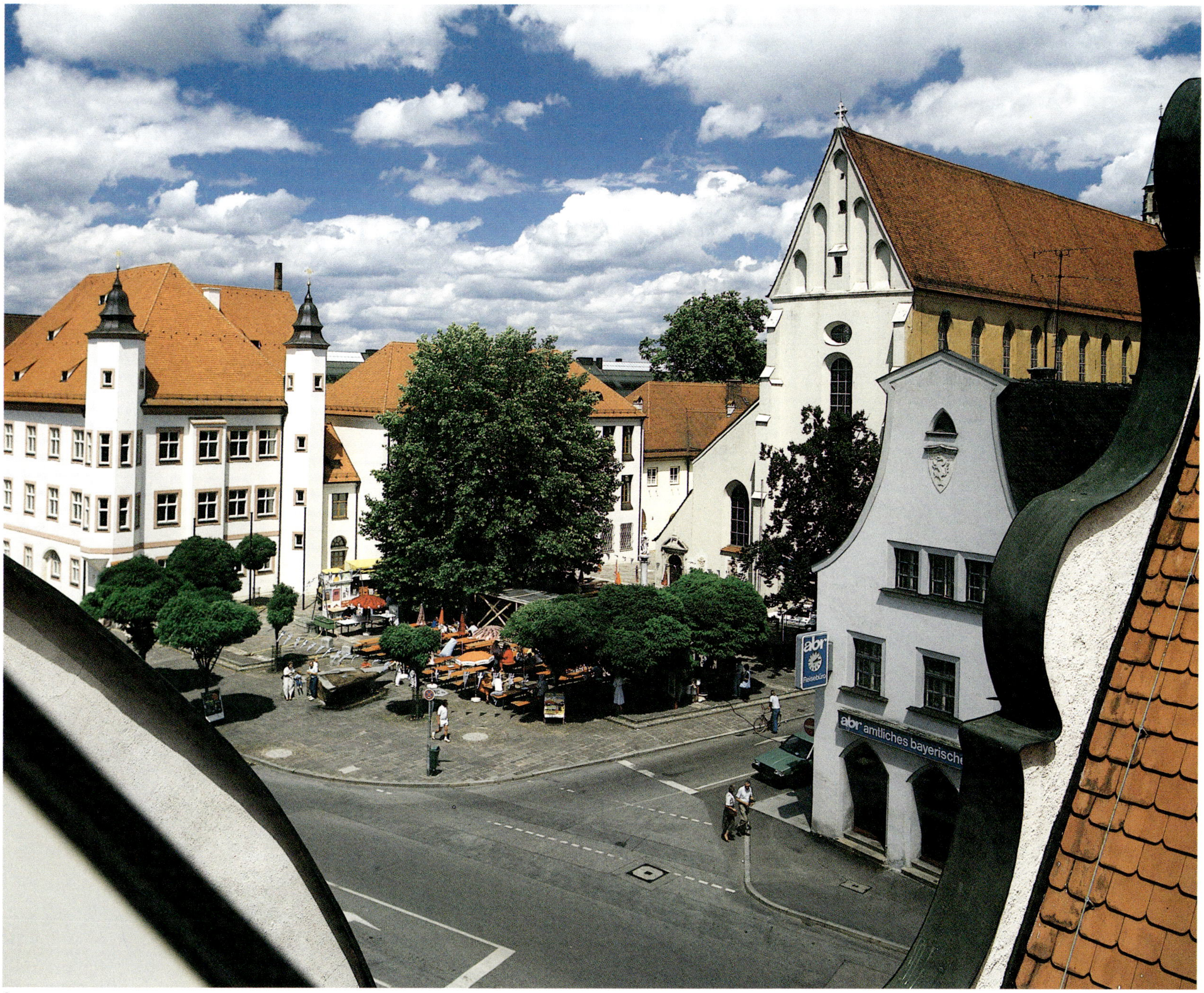

9

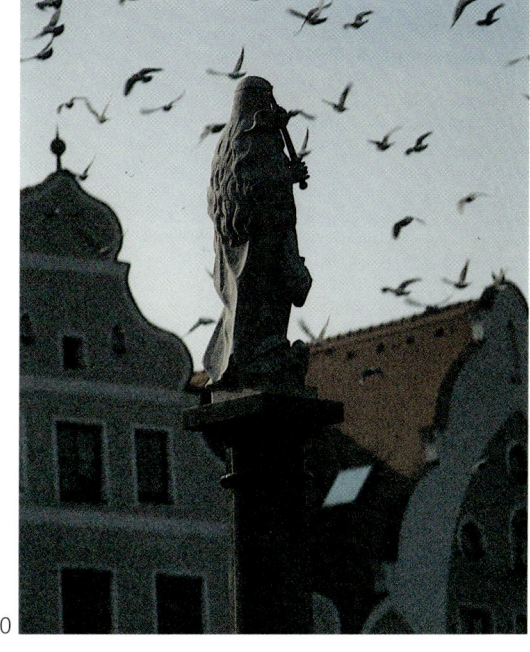

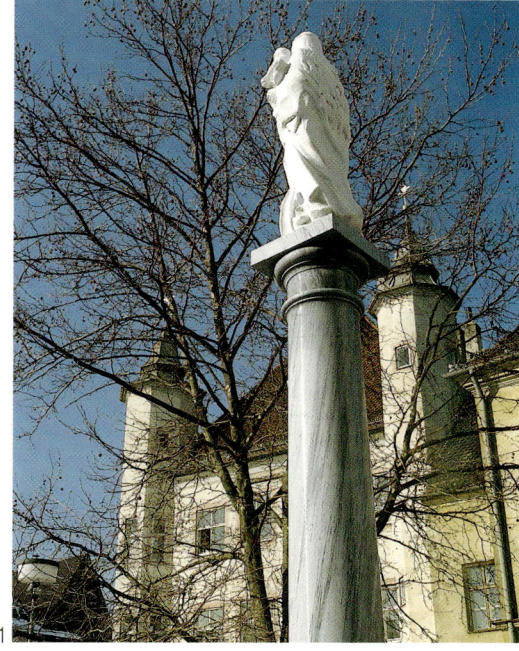

7 Harderstraße
8 Am Franziskanerplatz
9 Kaisheimer Haus (l.) und Franziskanerkirche
10 und 11
Mariensäule vor der Franziskanerkirche

10

11

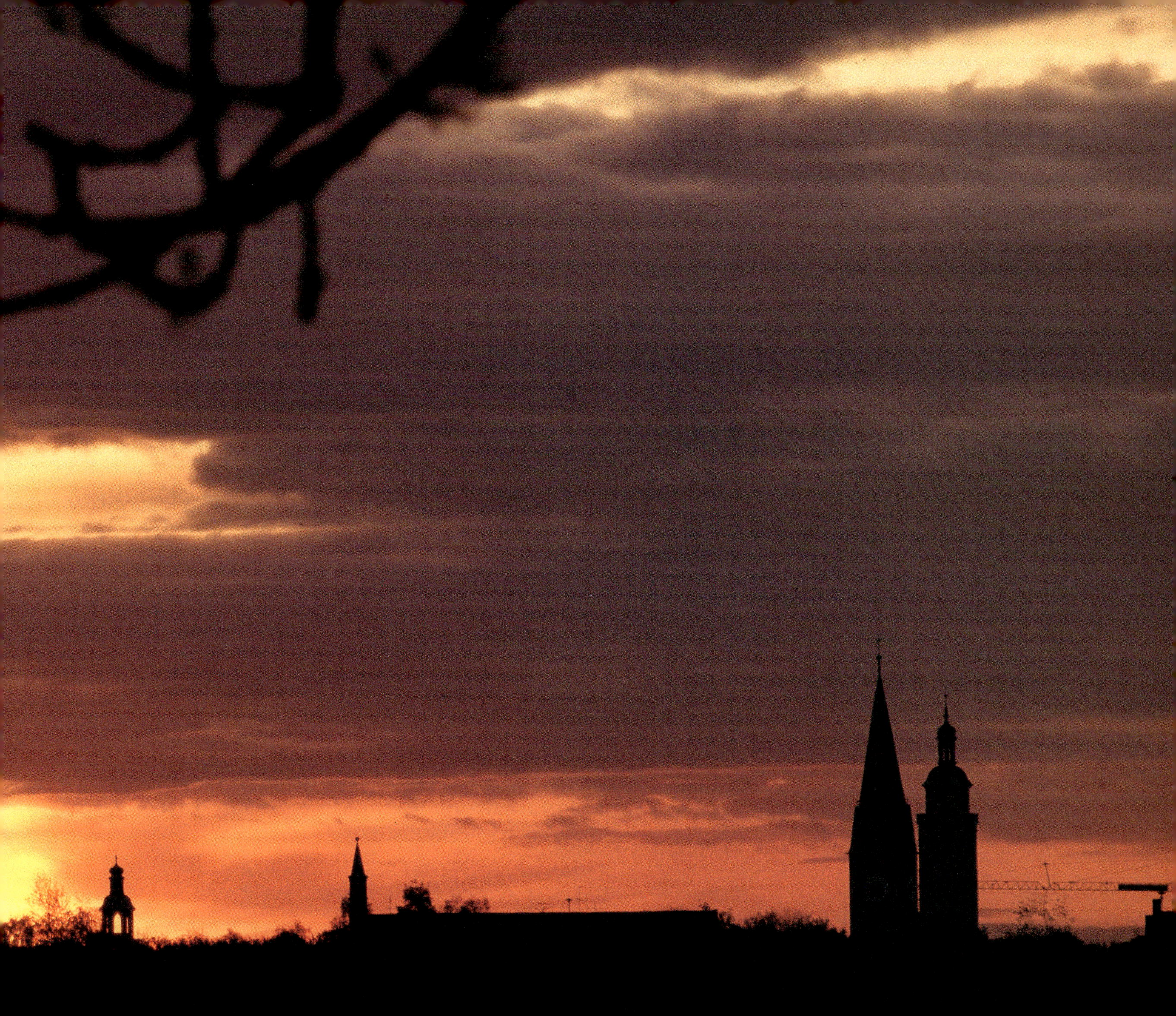

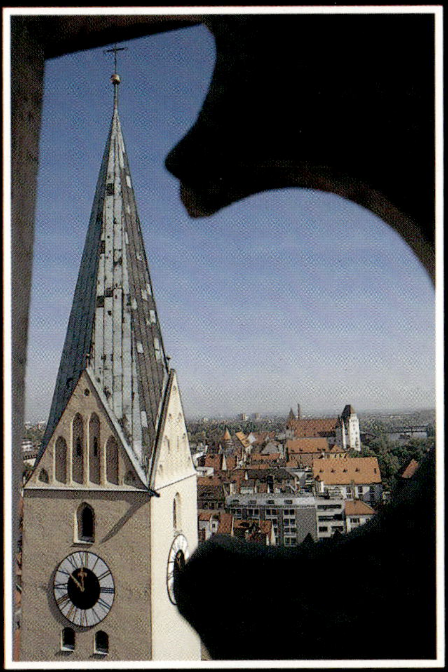

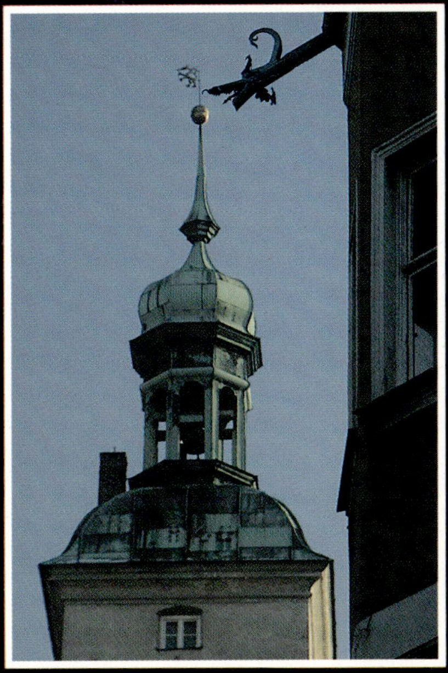

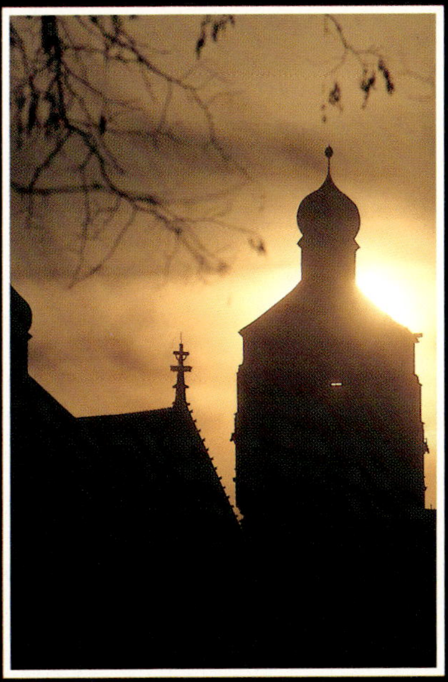

12 bis 18
Türme
und Türmchen

19 und 20
Ludwig der Bayer,
Brunnen
auf dem Paradeplatz

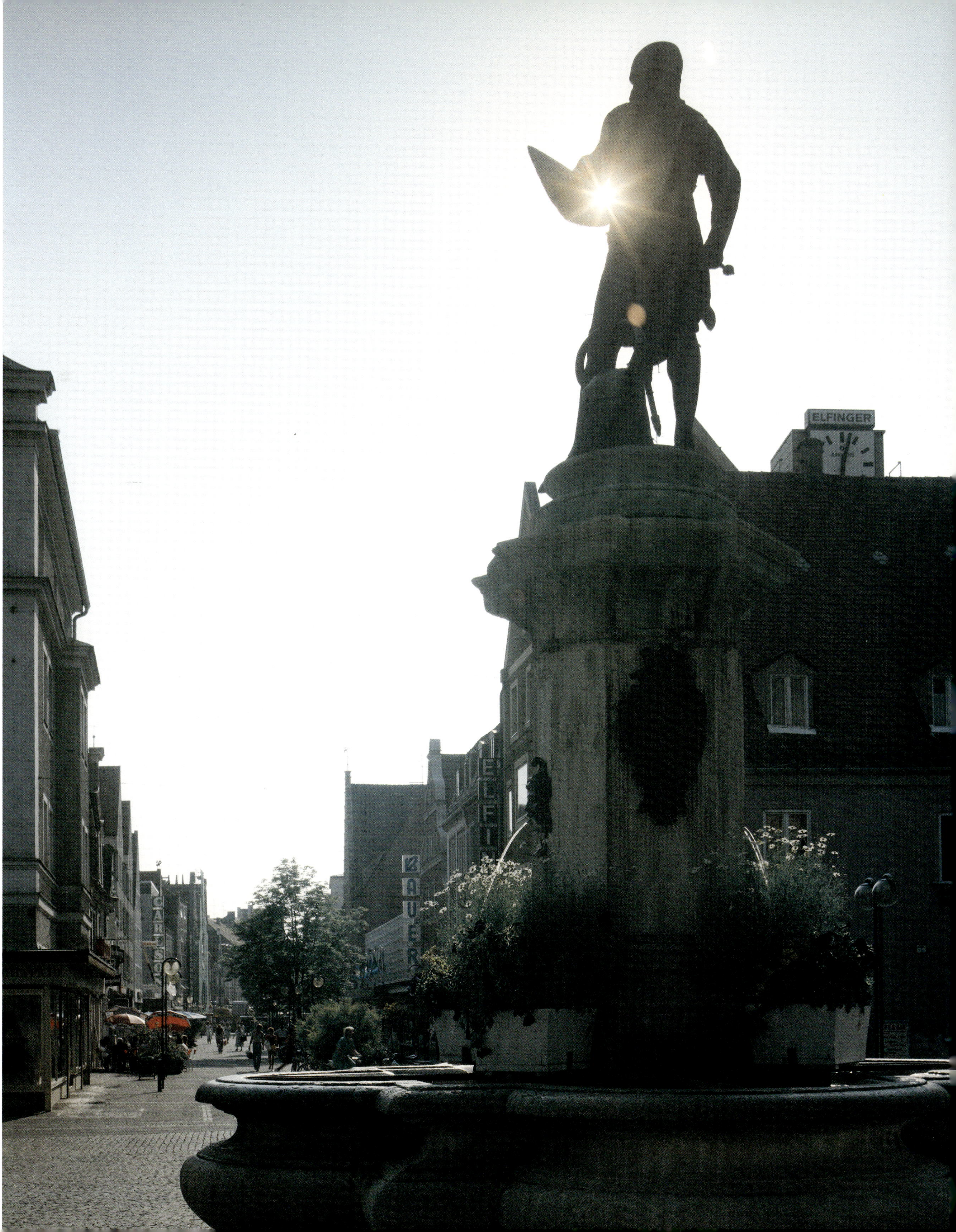
ELFINGER
BAUER

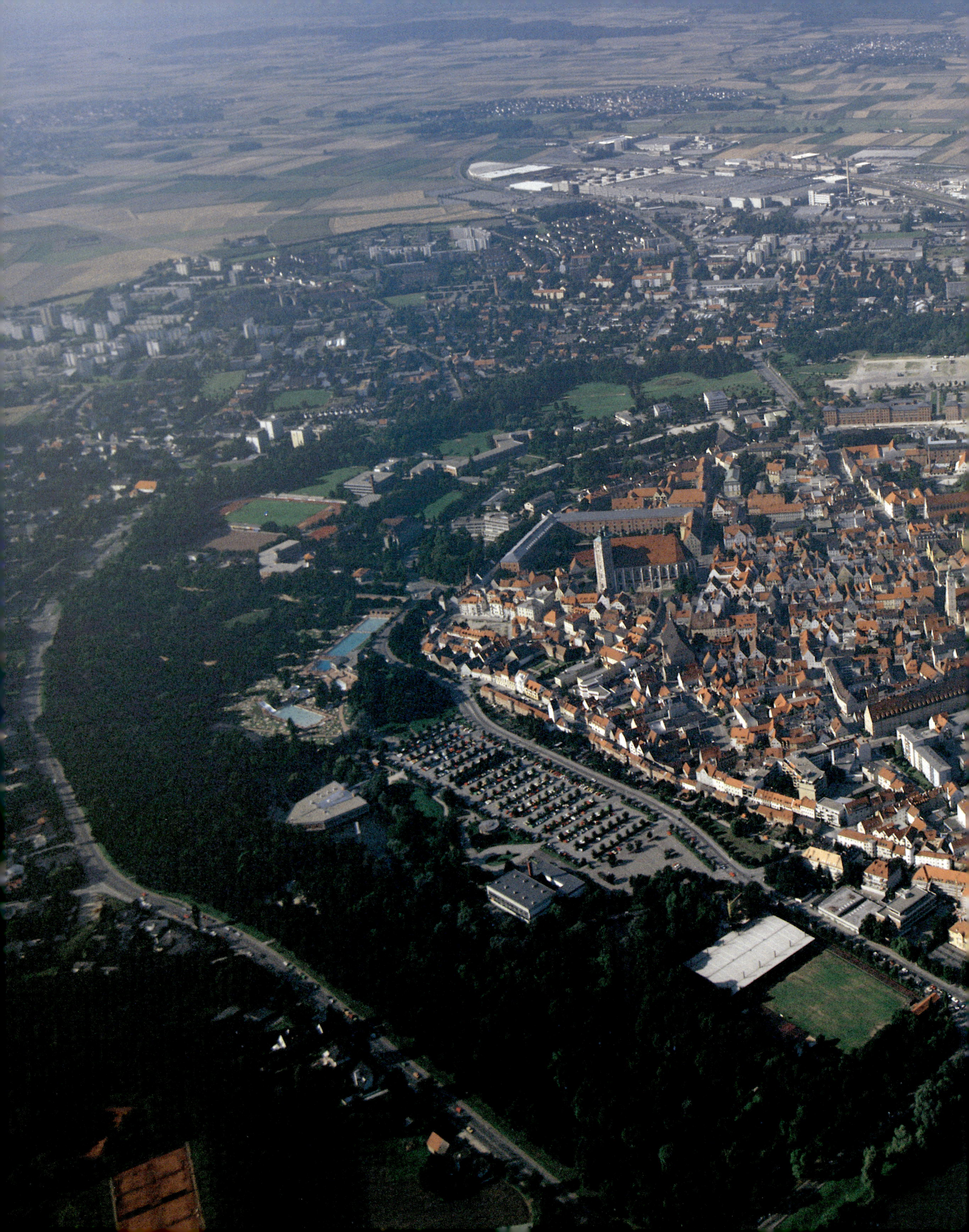

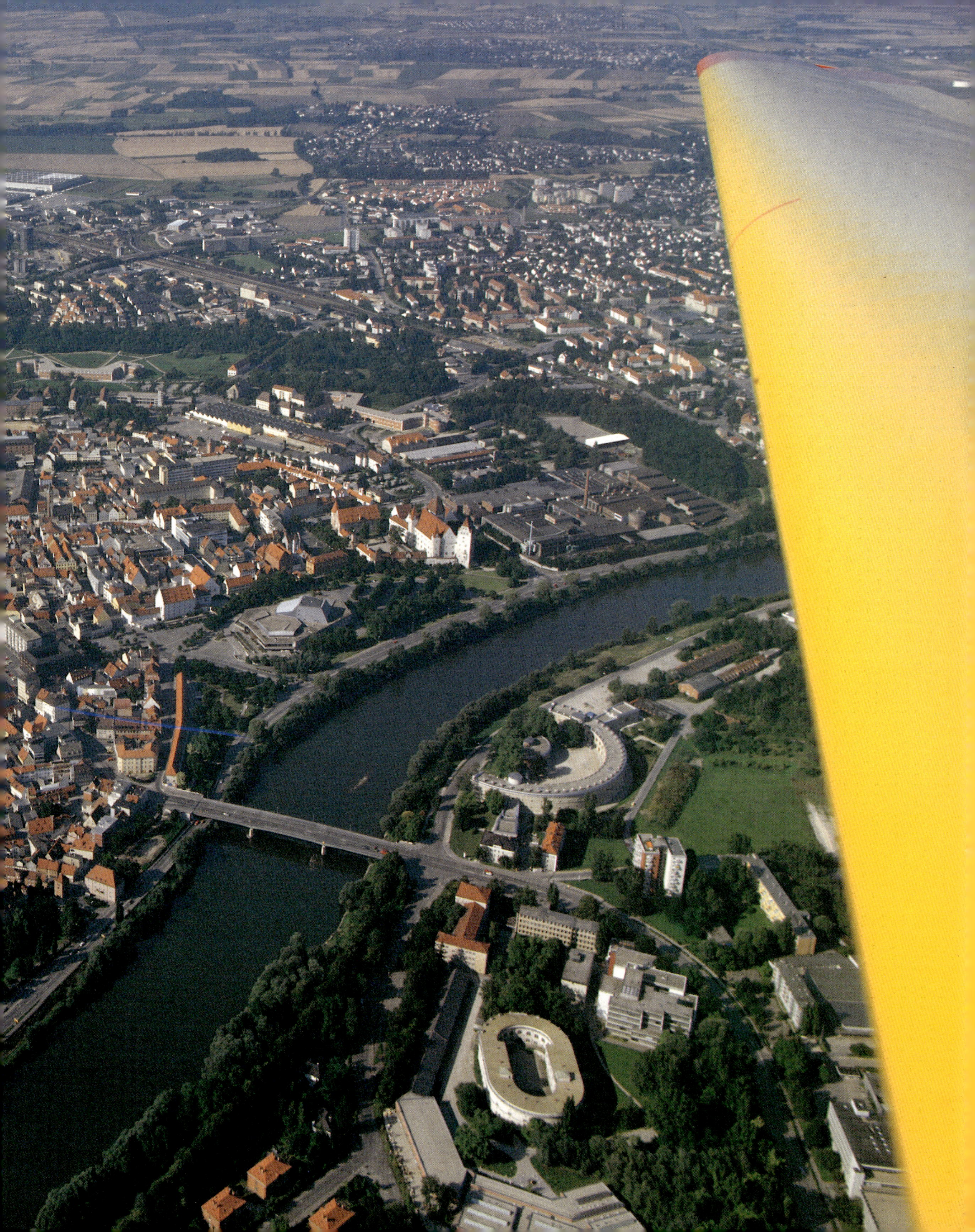

21
Ingolstadt
an der Donau;
die Altstadt
umrahmt vom
Grüngürtel
des Glacis

22 und 23
In den Anlagen

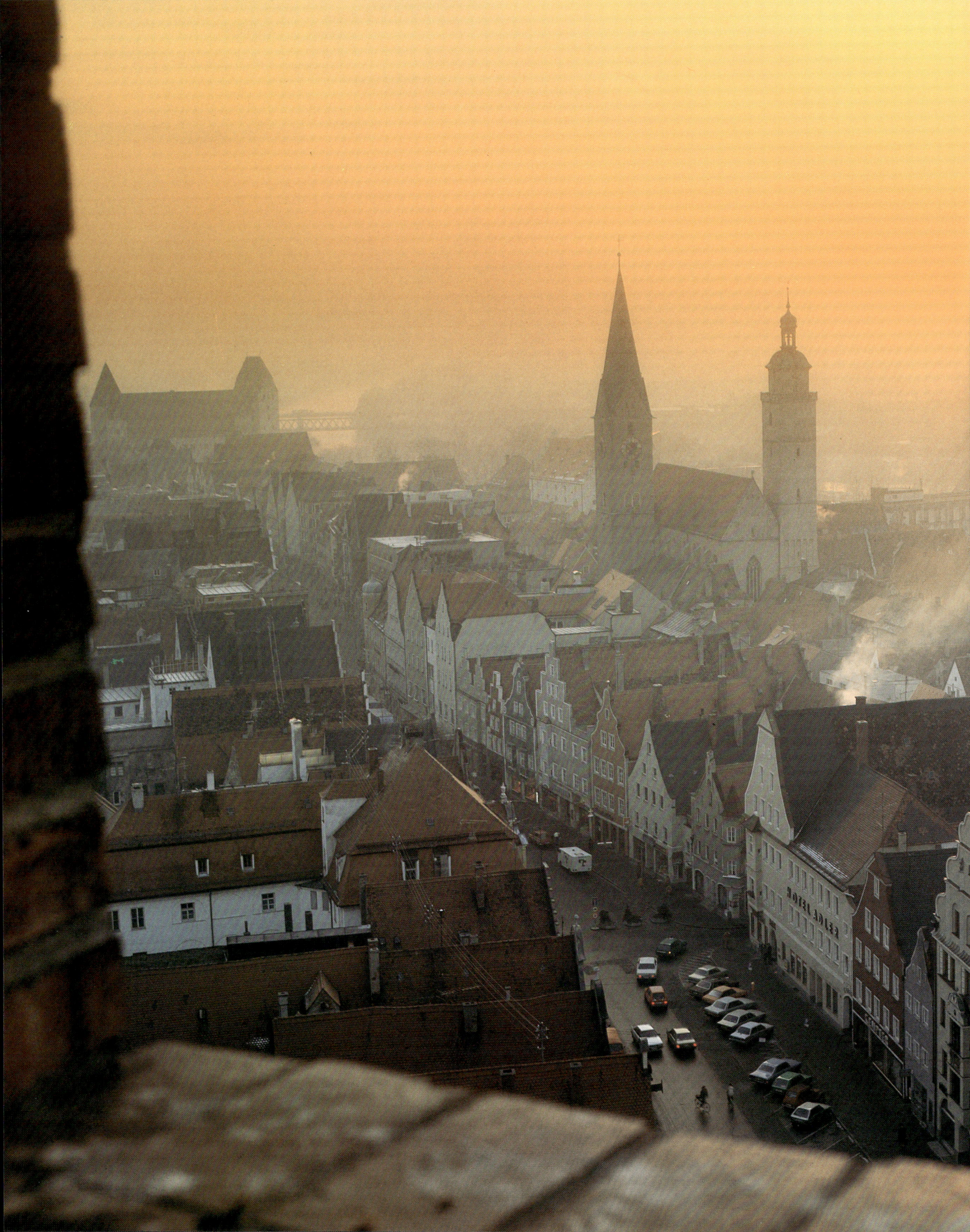
HOTEL ADLER

24 Blick vom Münsterturm auf die Theresienstraße

25, 26 und 29 Wochenmarkt
27 Schmalzingergasse
28 Im Innenhof des Neuen Rathauses
30 Mauthstraße

29

30

43

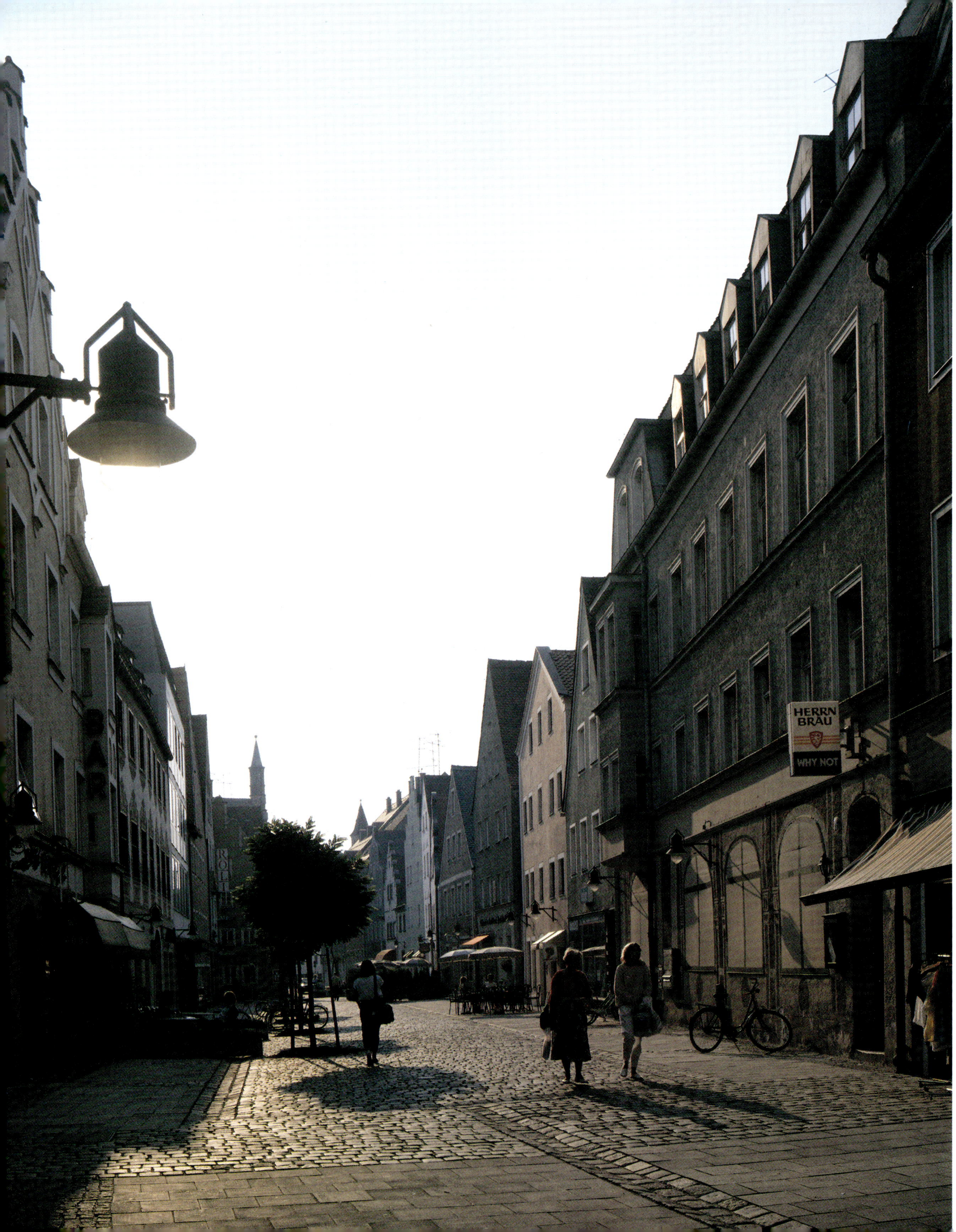
HERRN
BRÄU
WHY NOT

31 und 32 Dollstraße

33 Theresienstraße
34 bis 36 Fußgängerzone in der Ludwigstraße

37 Straße Am Stein

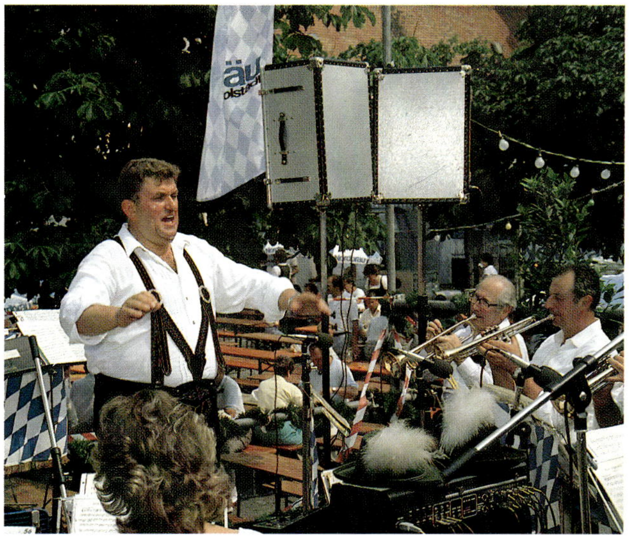

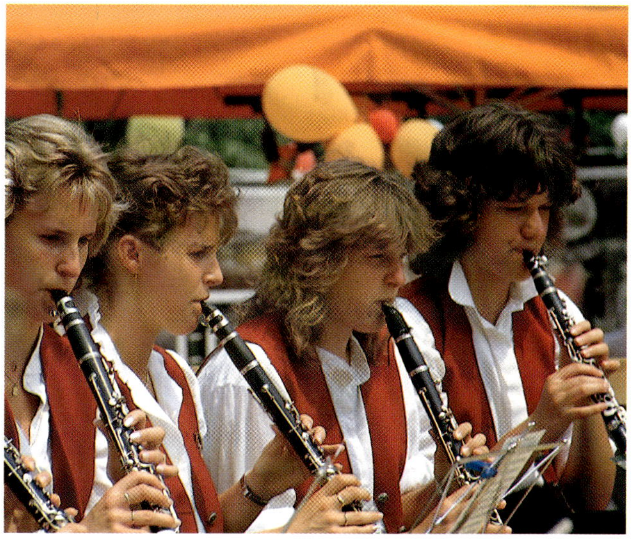

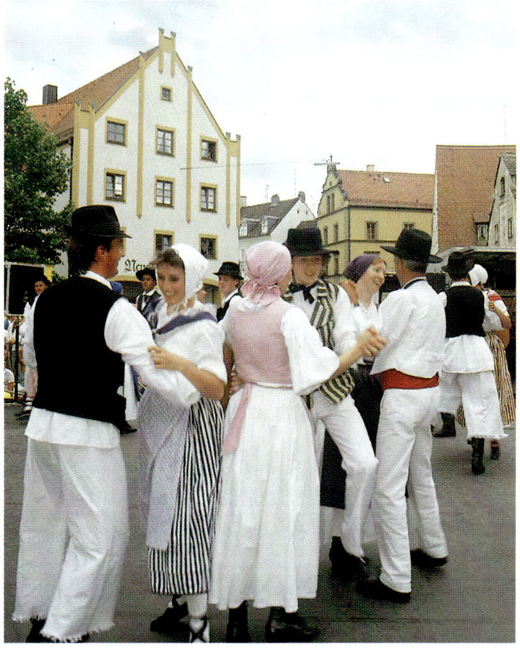

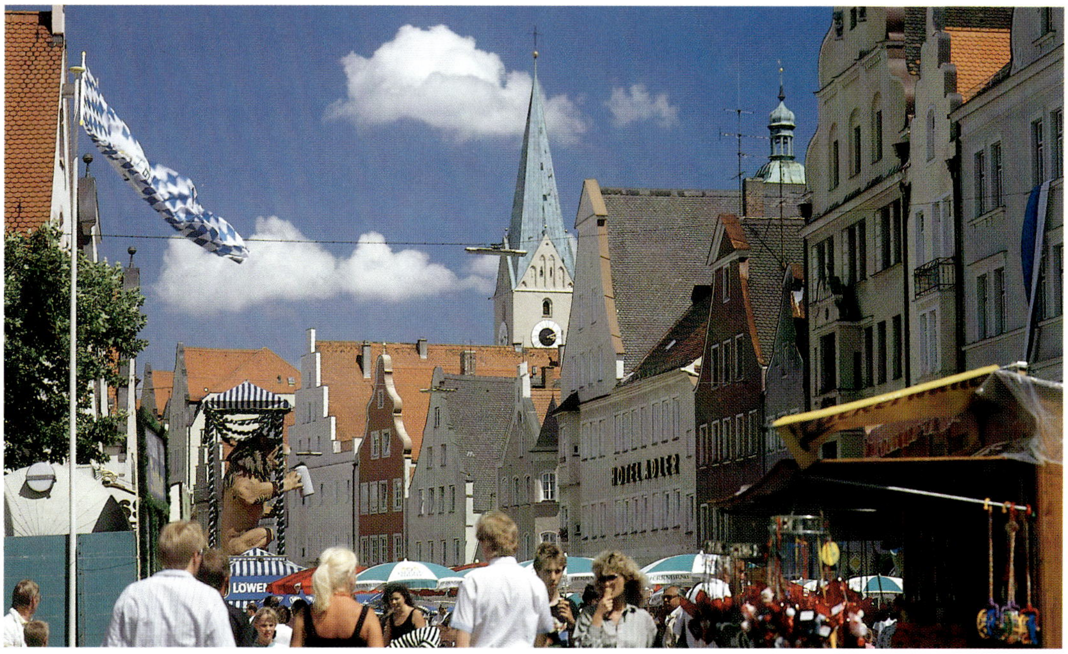
HOTEL ADLER

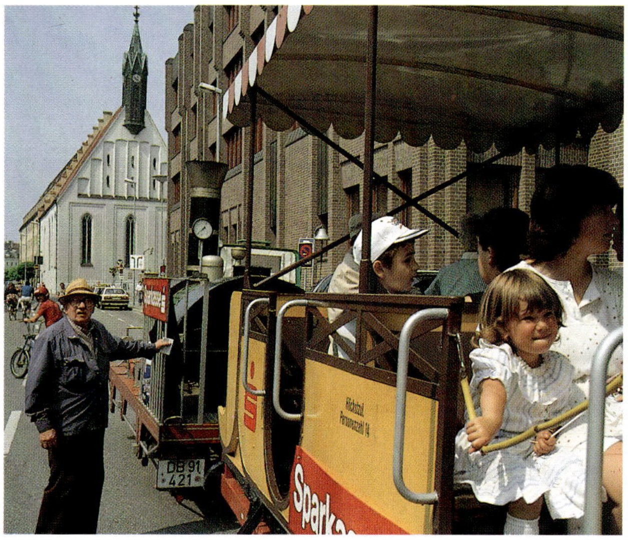

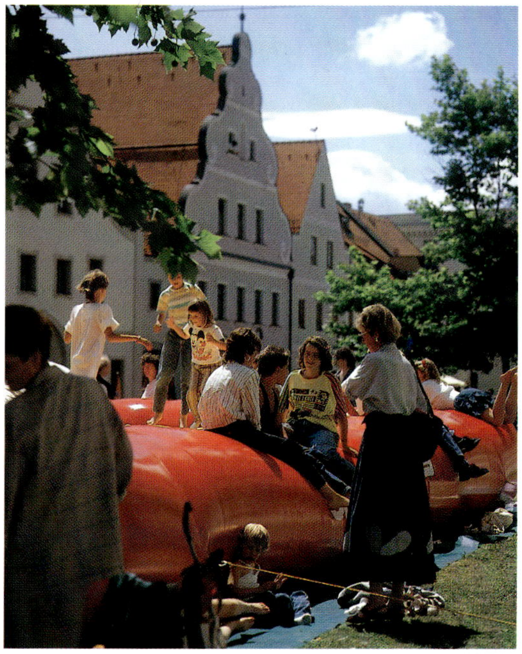

38 bis 49   Altstadtfest

50
Herzogsschloß (l.),
Herzogskasten und Stadttheater

51 und 52
Ständchen vor dem Stadttheater

53 und 54 Stadttheater

55 Altes Rathaus

56 bis 58
Details vom
Alten Rathaus

59 Zunftstange in der
Spitalkirche

52

56

57 ▽58

59

53

60

61

62

54

63

60 Moritzkirche und Pfeifturm
61 Rathausarkaden
62 Viktualienmarkt mit Sparkasse (l.) und Moritzkirche
63 Südl. Eingang zur Moritzkirche
64 Am Paradeplatz
65 Herzogsschloß mit Ludwigsbrunnen
66 Blick vom Schloßturm
67 Innenhof des Neuen Rathauses

68 bis 79 Giebel und Fassaden

57

Die Mode der Zeit
Schärfl
Die Mode der Zeit
Schärfl
TOTO LOTTO
TV Video
HIFI Studios

80

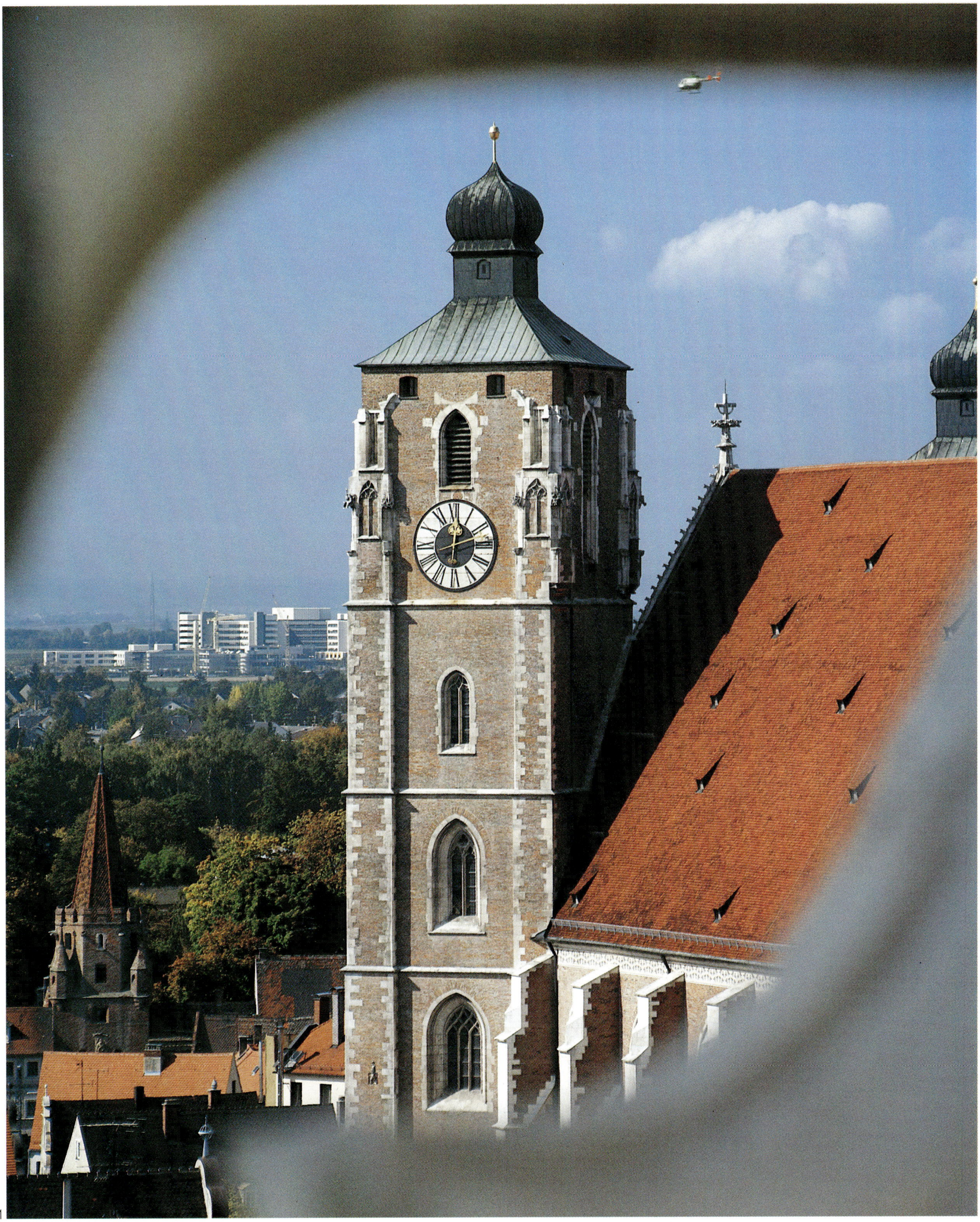

81

80 Schulstraße
81 Blick vom Pfeifturm auf Münster und Kreuztor

82 Kirche Maria de Victoria

83 Cruzifixus an der Moritzkirche 84 Spitalkirche

Münster
85 Rückseite des Hochaltars
86 Blick ins Gewölbe
87 Marienstatue
88 Apostelfiguren am Westportal

89 Franziskanerkirche
90 Statuette des hl. Mauritius
91 Sebastianskirche
92 Moritzkirche

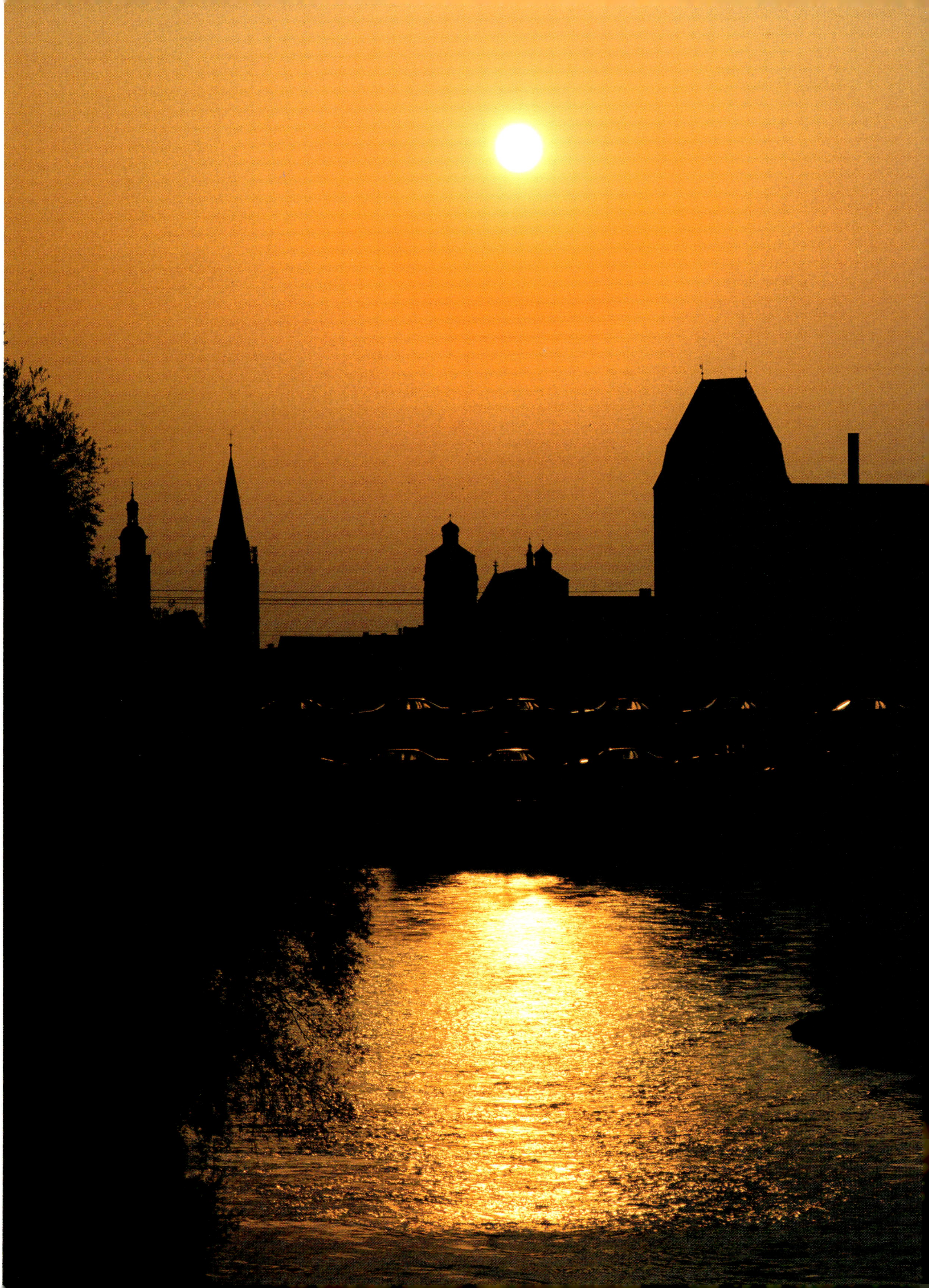

93 und 94 Stadtsilhouetten über der Donau

95 Winterliche Donaulandschaft
96 Am Schliffelmarkt
97 In der Silvesternacht
98 An der Stadtmauer
99 Münster mit „Ölturm"

97

98

99

Griesbadgasse mit Münster 100
Blick vom Pfeifturm nach Westen 101

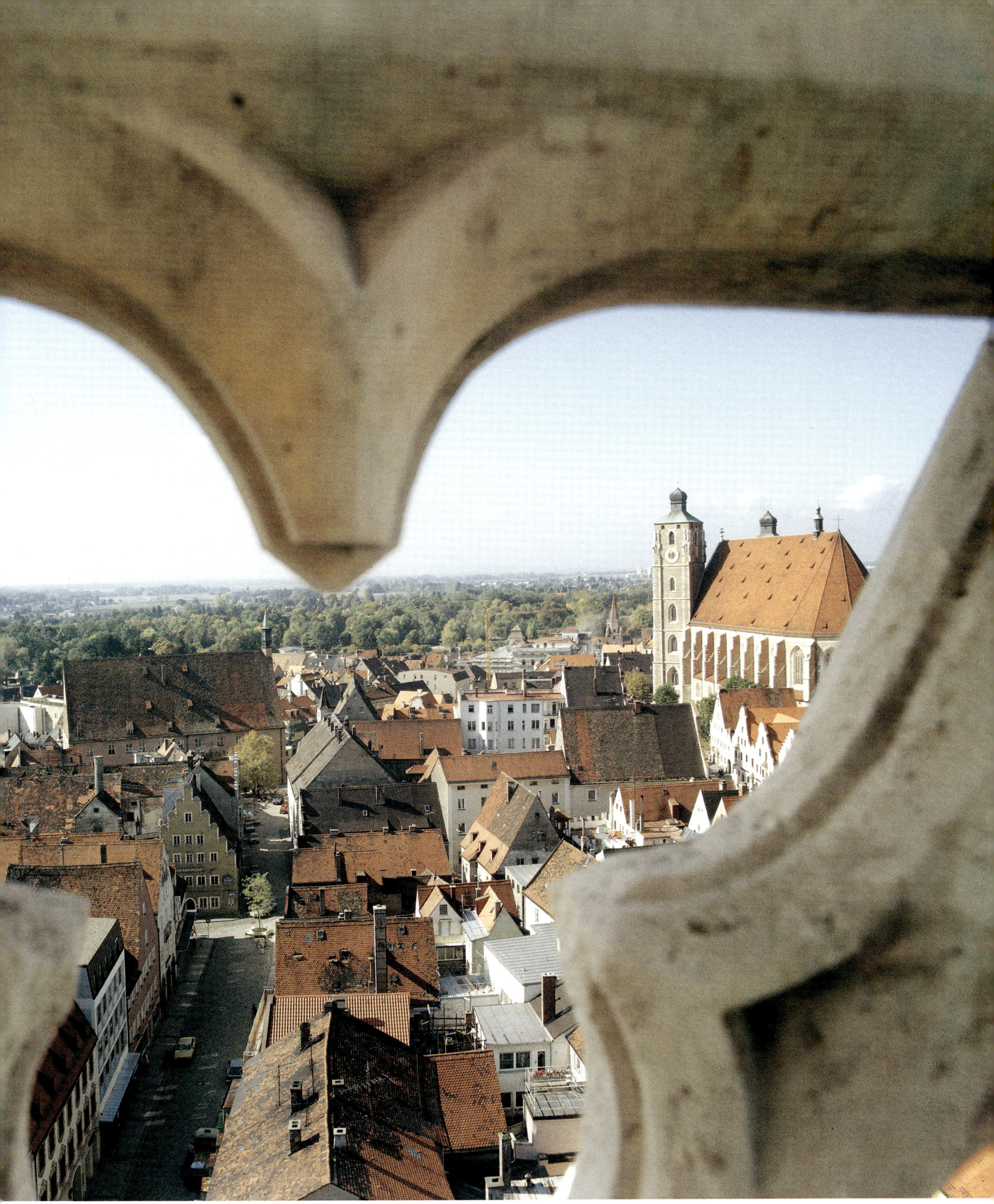

102 Christkindlmarkt
103 Blick vom Scherbelberg auf Stadtmauer und Taschenturm

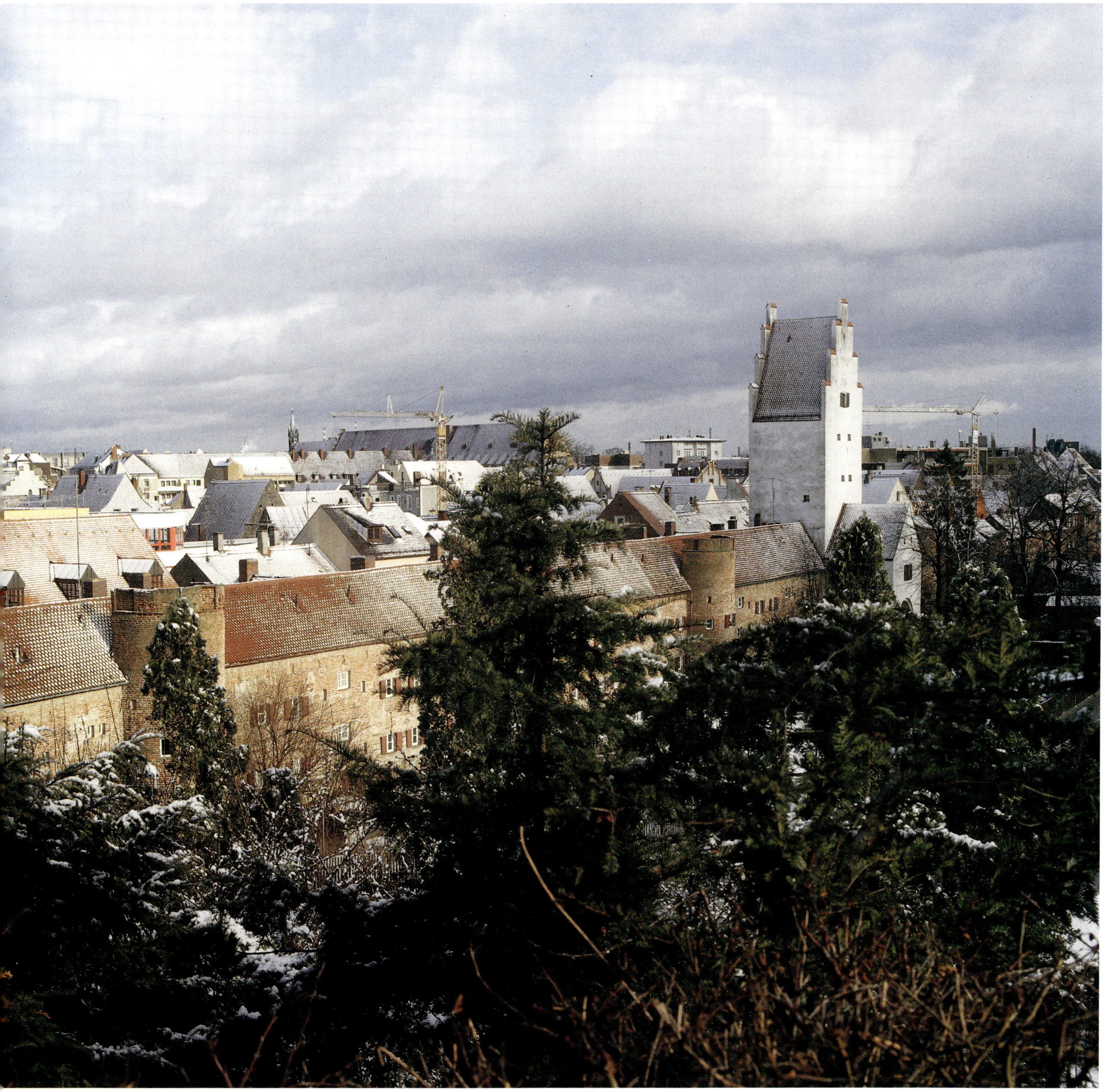

104 und 105 Alte Anatomie – Deutsches Medizinhistorisches Museum,
rechte Seite: Rückseite mit Botanischem Garten

73

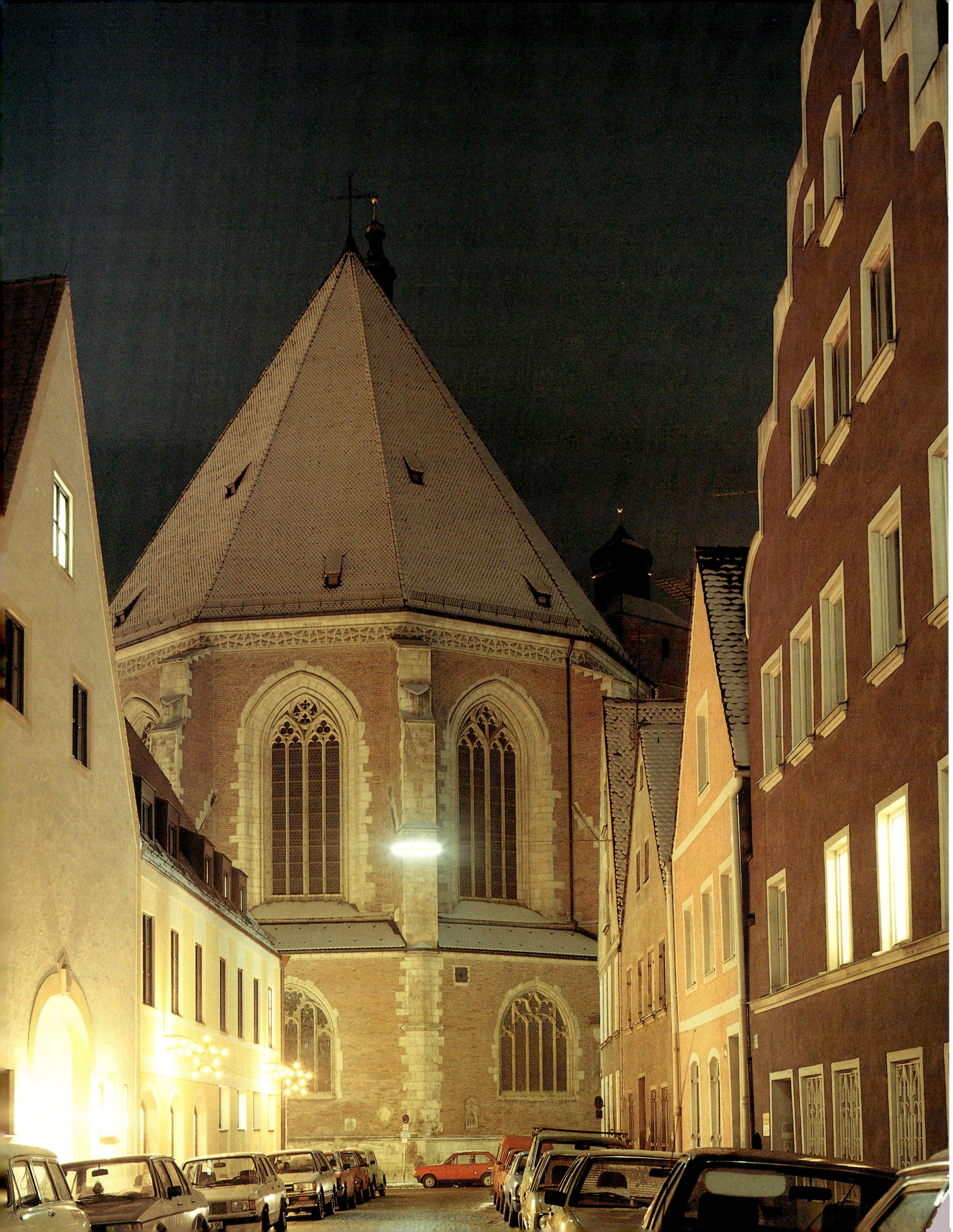

106 und 107
Schulstraße und
Stadtmauerpartie
mit Alter Anatomie
und Münster

108
Abendliche
Stadtsilhouette

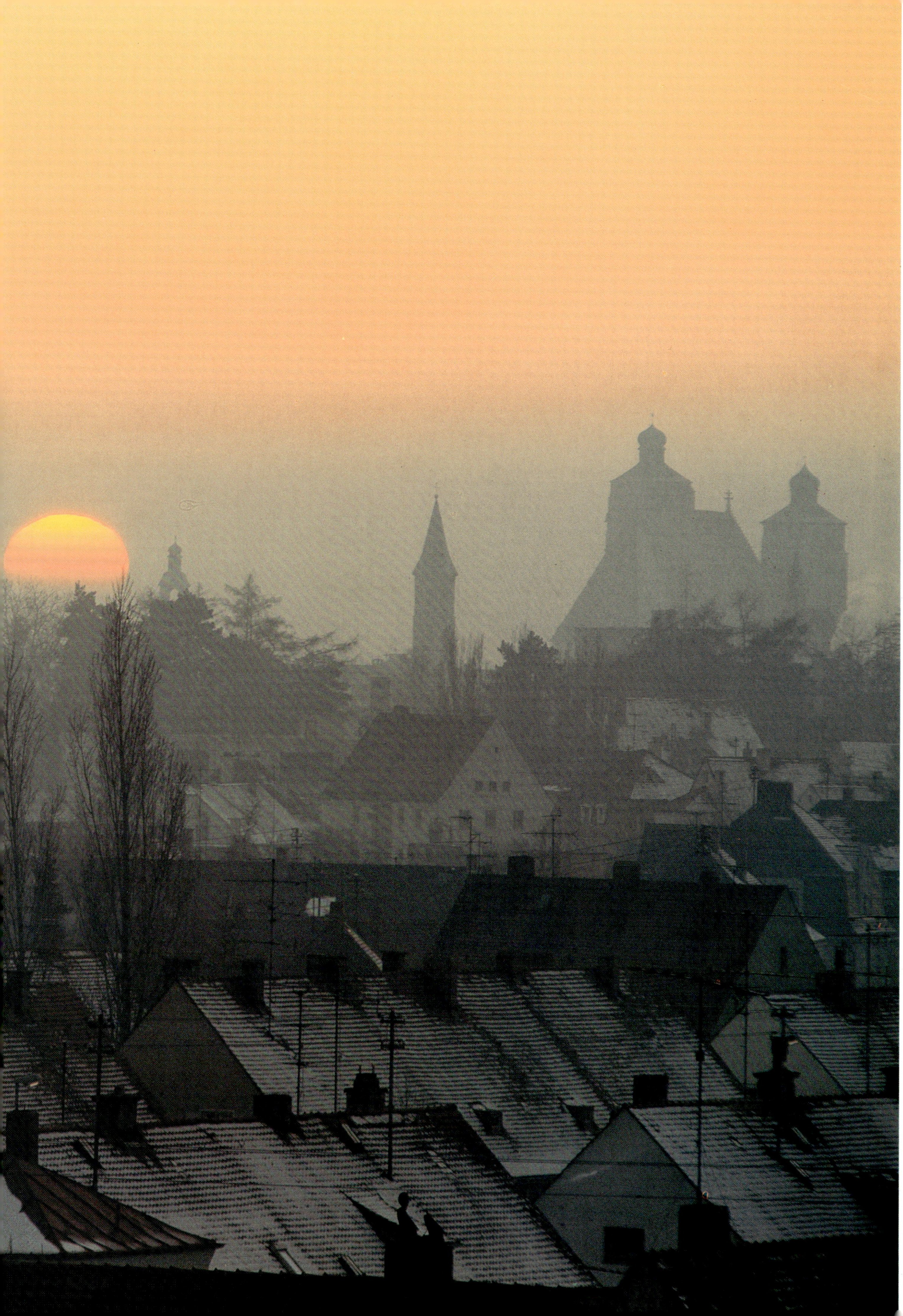

109

110

111 ▽ 112

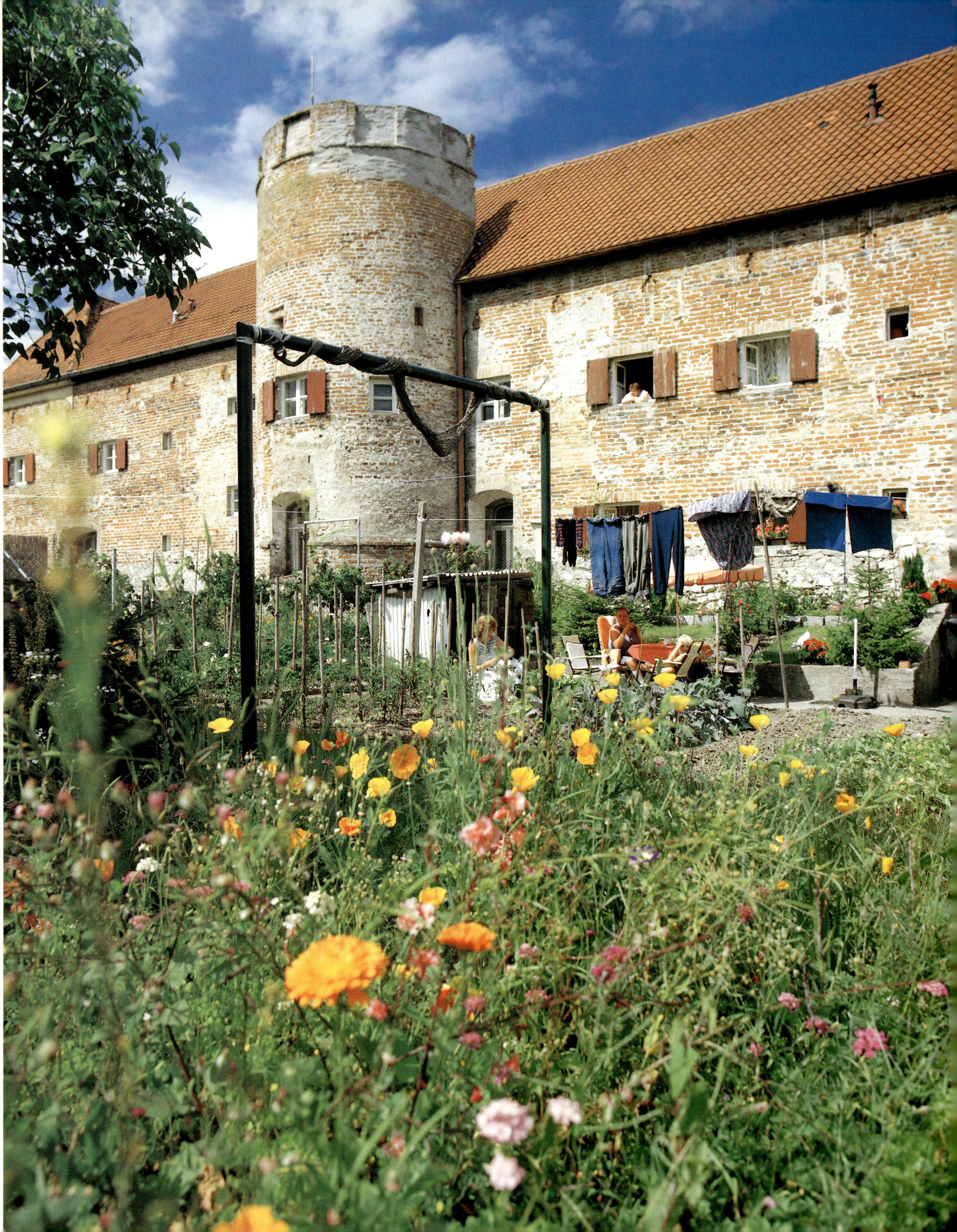

109 Moritzkirche und Pfeifturm vom Südufer der Donau
110 Brunnhausgasse
111 Kupferstraße
112 Schrannenstraße
113 An der Stadtmauer

114 bis 125　Ladenschild, Uhren, Gestalten und Gesichter

81

126 bis 129 Türen und Portale

130 Amtsgericht

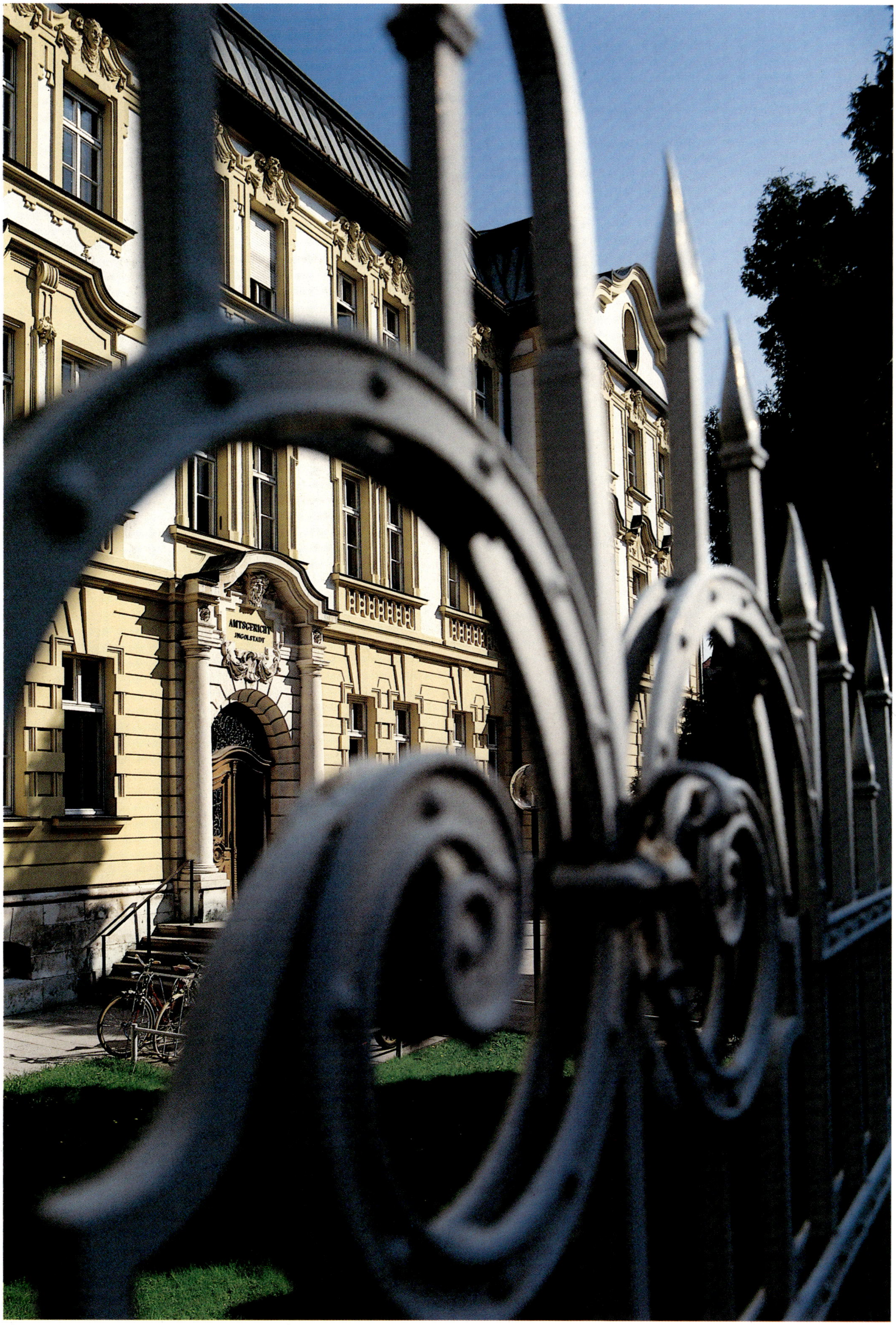

130

131 bis 135 Das Kreuztor

85

136 Alte Stadel in der Kanalstraße
137 Mauerwerk am Moritzturm
138 Relief am Torturm des Herzogsschlosses
139 Am Canisiuskonvikt
140 Marabubrunnen an der Hohen Schule

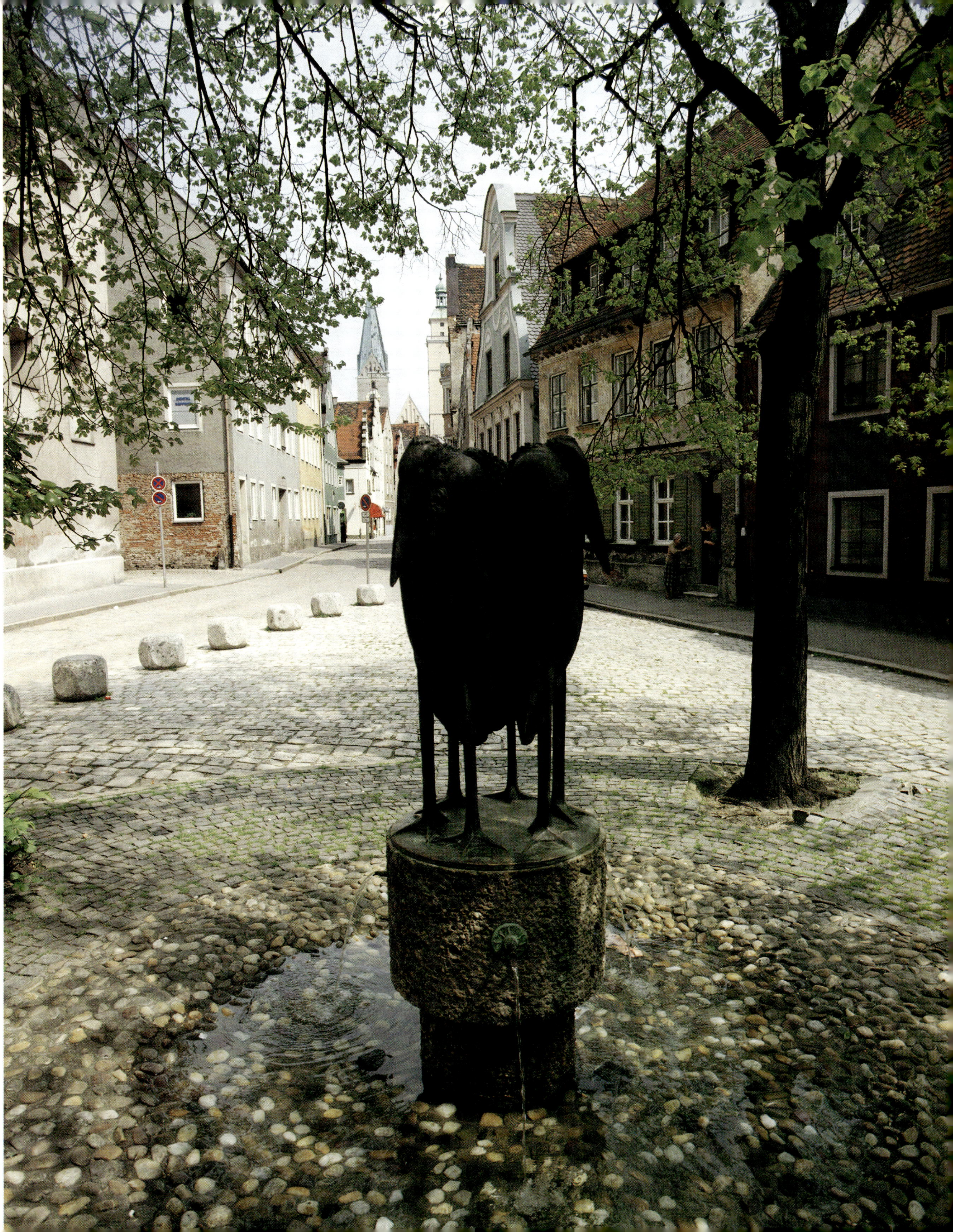

141 St. Matthäus
142 St. Markus
143 St. Augustin
144 St. Moritz

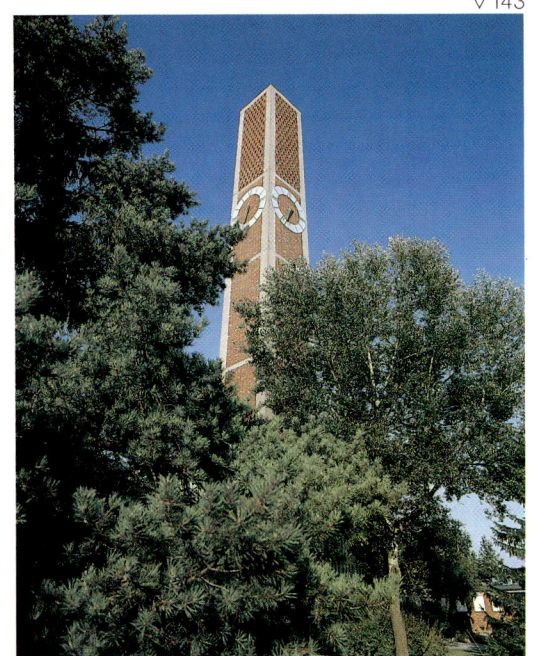

145 Bergbräustraße (l.) und Kreuzstraße
146 Im Glacis

147 Dachreiter am Münster
148 Bei der Roßmühle
149 Hl. Josef an der Theresienstraße
150 Madonna am Canisiuskonvikt
151 In der Theresienstraße
152 Im Stadtmuseum
153 Gittertor am Pfarrhof von St. Moritz

151

152

153

Im Hof des Herzogsschlosses

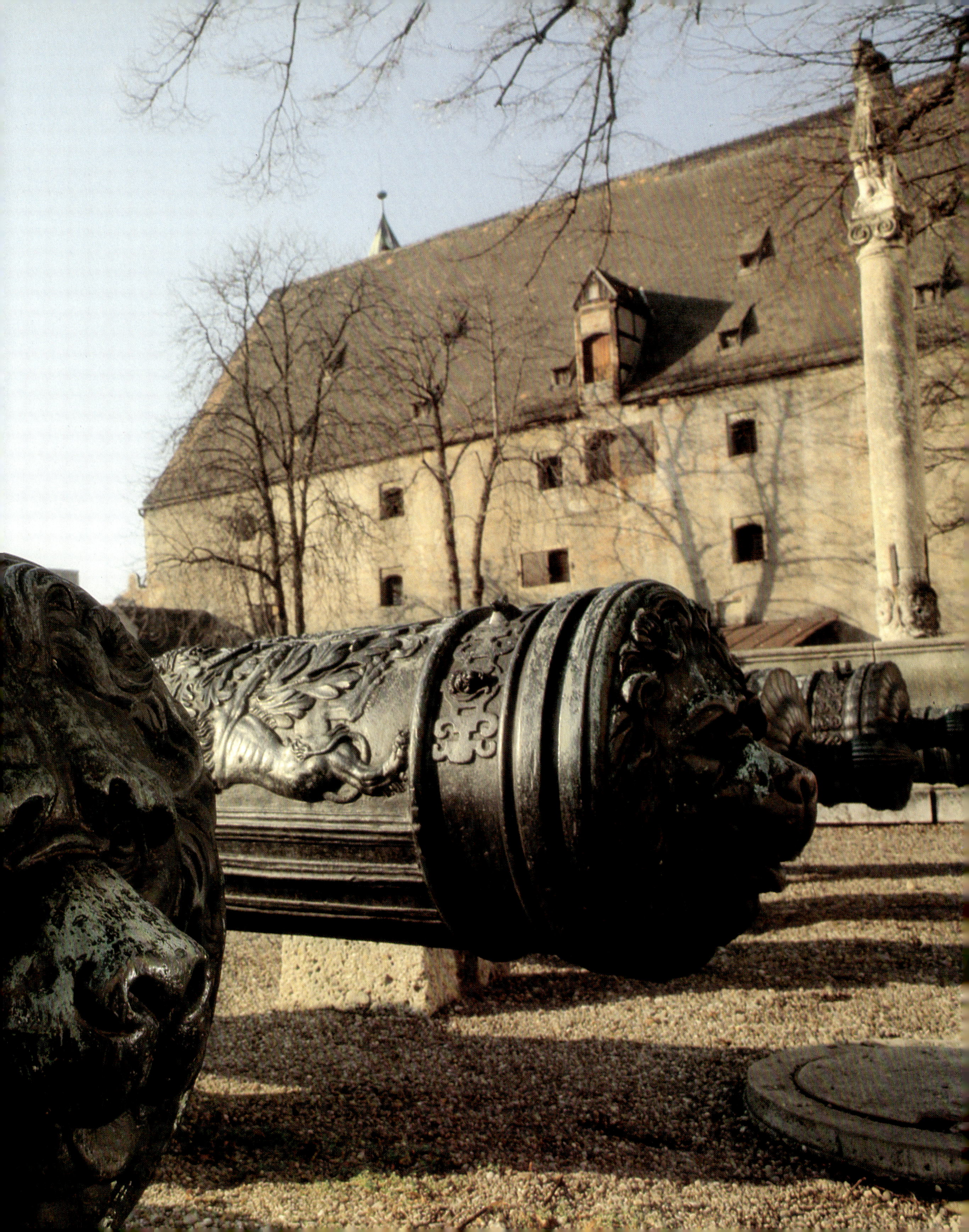

155 bis 158 Im Bayer. Armeemuseum

159 Das Herzogsschloß von Süden

160

160 Stadtpanorama mit Reduit Tilly im Vordergrund
162 Kanonen im Schloßhof
161 und 163 Historische Truppenparade beim Schloß

161

162   ▽163

98

164 bis 172
Fortifikationen aus mehreren Jahrhunderten

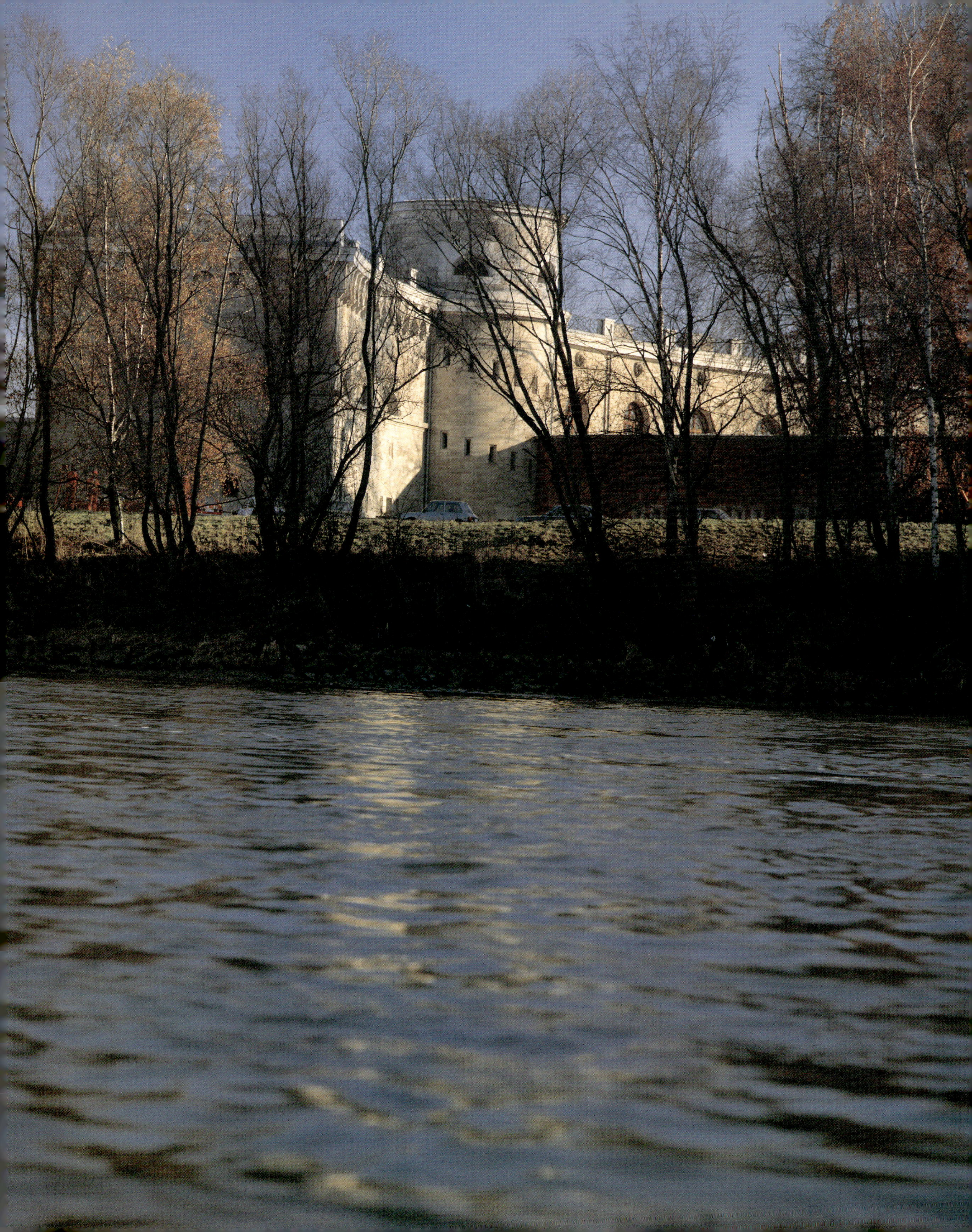

174

175 ▽177

176

178 ▽179

173 bis 176 Reduit Tilly
177 Am Künettegraben
178 Kavalier Hepp
179 Turm Baur

101

180 und 181
Der Untere Graben,
Stadtmauer von innen
und von außen

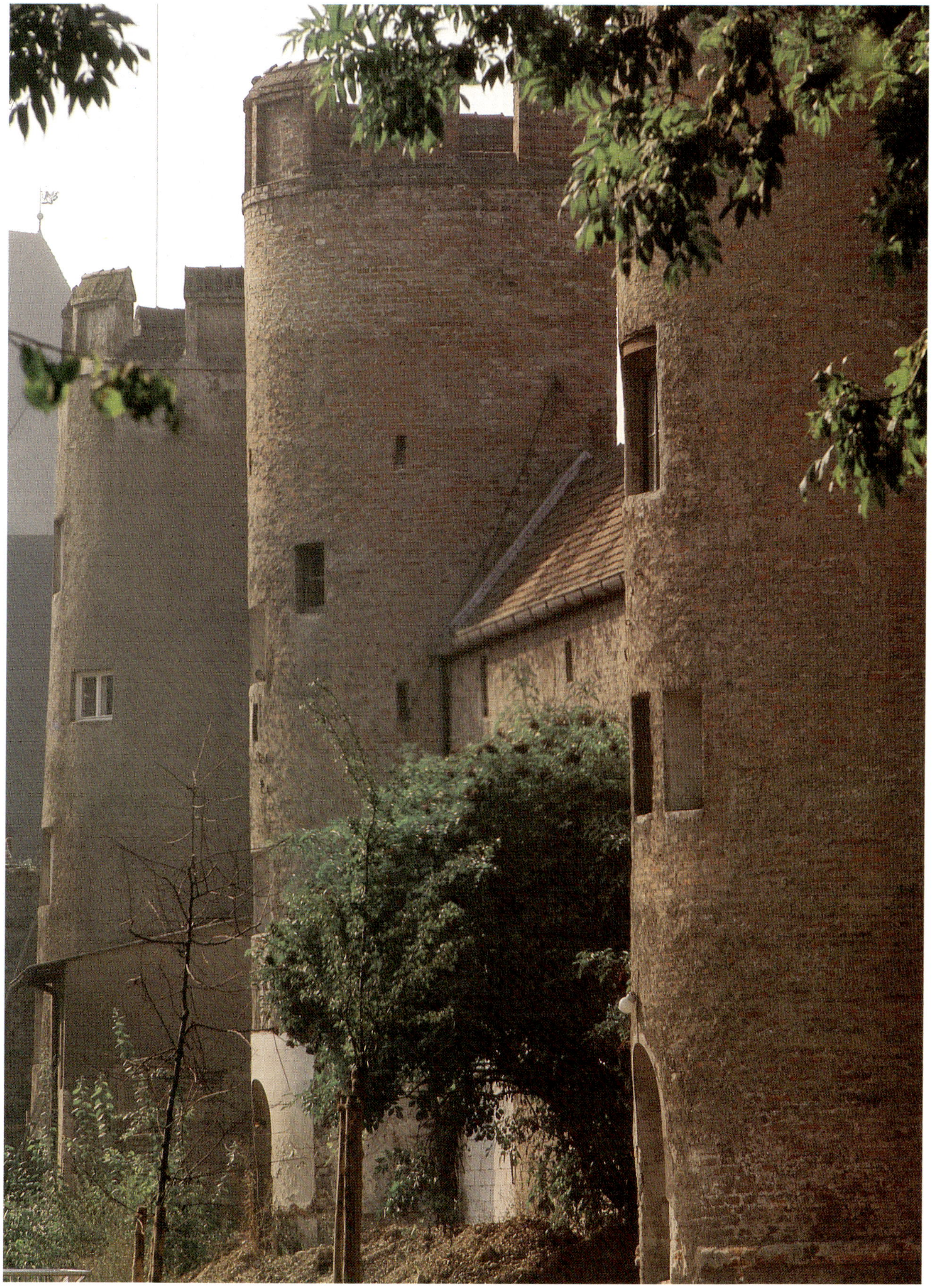

182 Außentor des Kavaliers Hepp
183 und 184 Außentor des Kavaliers Heideck
185 Schöner Saal im Herzogsschloß

186 Turm Baur
187 Kavalier Hepp

188 Das „Tor 25"
189 Anatomiestraße
190 Brunnhausgasse
191 Der Taschenturm

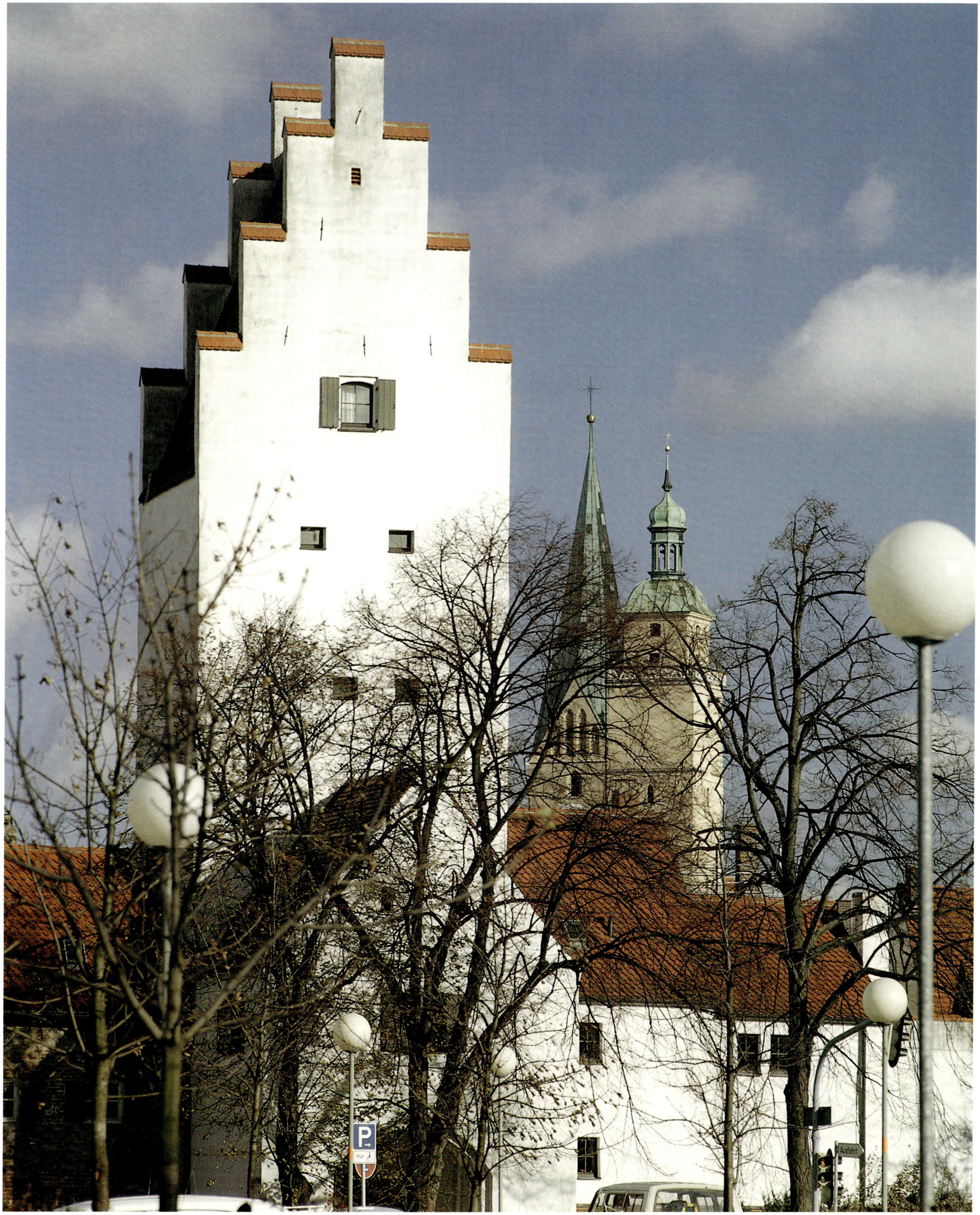

91

192

193

108

192 Zeughaus
193 Friedenskaserne
194 Stadtmauer mit Sebastianskirche
195 Eingang zum Reduit Tilly

196

197 und 198

196 Das Klinikum
   mit Brunnen von Wilhelm Reissmüller
197 und 198 Die Stadtbücherei im Herzogskasten
199 und 200 Schulzentrum Südwest
201 Anlage am Hauptbahnhof

199

200
201

202 und 203 Audi AG
204 Schubert & Salzer, Maschinenfabrik AG
205 Verlagshaus Donau Kurier
206 Messerschmitt-Bölkow-Blohm GmbH

207 Alter Wasserturm bei Schubert & Salzer
208 Erdölraffinerie
209 Bürgerliches Brauhaus
210 Kleiderfabrik Bäumler

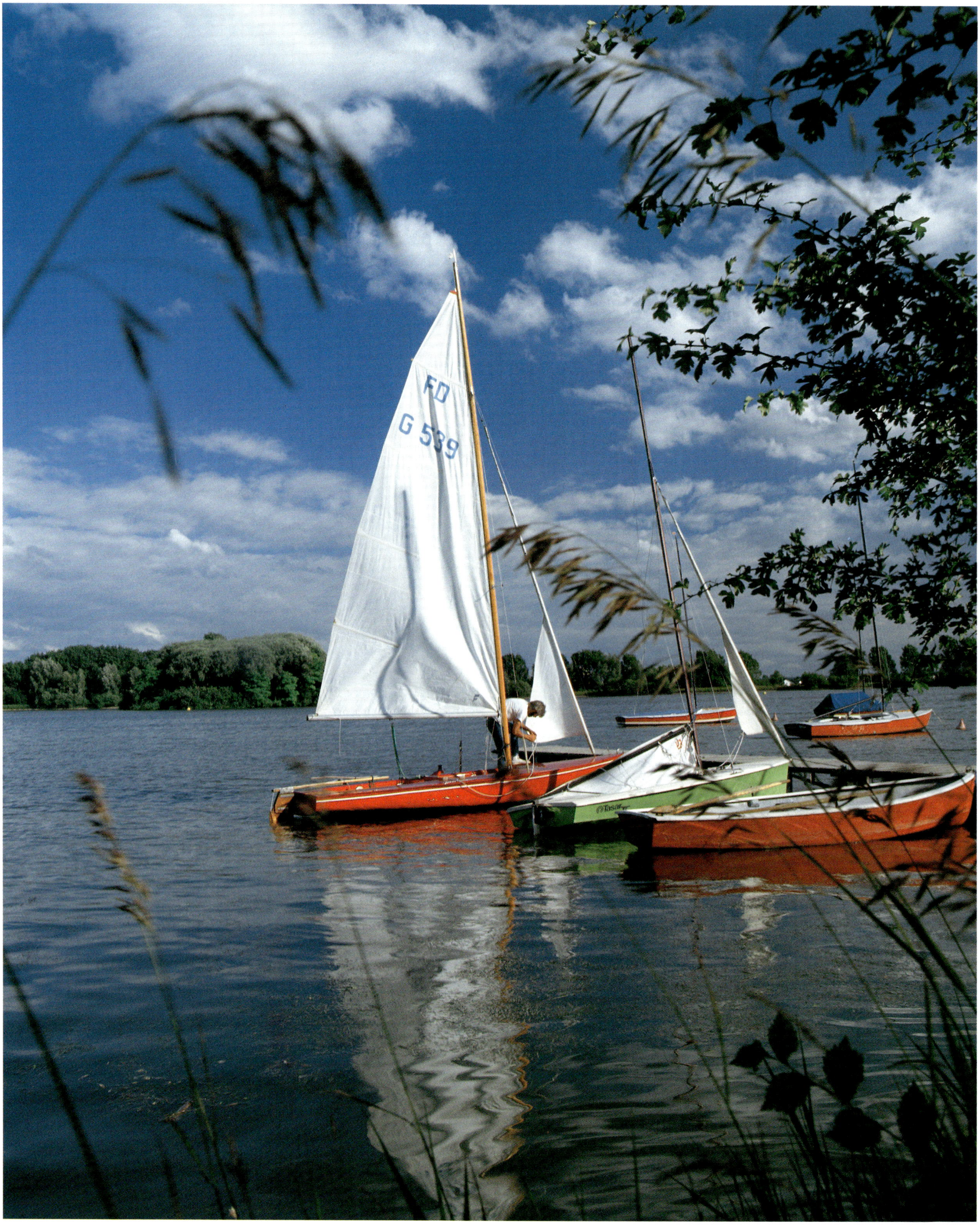

21

212

▽ 213

214

211 Donaustausee
212 Städt. Freibad
213 Alte Dampflok am Hauptbahnhof
214 Kinderspielplatz am Künettegraben

215

216

215 Am Baggersee
216 Minigolf am Baggersee
217 Ingolstadt mit Baggersee und Staustufe
218 Reichertshofen
219 Manching

217

218

219

117

220　　　　　　　　　　▽221　　　　　　　　　　▽222　　　　　　　　　　▽223

224

225

226

227

220 St. Kastulus
221 Geisenfeld
222 Großmehring
223 Gaimersheim
224 Oberhaunstadt
225 Zuchering
226 Irgertsheim
227 Drei Feldkreuze
    nördlich
    von Gaimersheim